BIOskop

Gymnasium Niedersachsen 7/8

Strukturierungsvorschläge und Aufgabenlösungen

Herausgeber
Rainer Hausfeld
Wolfgang Schulenberg

Autoren
Thorsten Frankenberg
Sabine Gilbert
Rainer Hausfeld
Margit Hertel
Daniel Klaßen
Joachim Kühmstedt
Martin Ratermann
Anja Renken-Abken
Eckhart Schröder
Wolfgang Schulenberg
Franz Stoppel
Henning Teschner
Anna Wittekindt

westermann

Druck A² / Jahr 2010
Alle Drucke der Serie A sind im Unterricht parallel verwendbar.

Redaktion: Heidrun Kiene
Herstellung: Mediengestaltung CeZet Claudia Zierenberg
Umschlaggestaltung und Typografie: Jennifer Kirchhof
Druck und Bindung: westermann druck GmbH, Braunschweig

ISBN 978-3-14-**159501**-7

Inhaltsverzeichnis

Jedem Abschnitt ist ein **Strukturierungsvorschlag** vorangestellt. Der Strukturierungsvorschlag bietet Ihnen eine Übersicht, wie Sie die inhaltliche Abfolge des jeweiligen Themas im Unterricht strukturieren können. Den einzelnen Schritten dieses Strukturierungsvorschlags sind die Abbildungen und Arbeitsmaterialien des Schülerbuches zugeordnet.

M Aufgaben richtig verstehen

1

z. B.
Abb. 2: *Aufgabe:* Vergleiche Rotbuche und Stieleiche: Stelle die Unterschiede tabellarisch dar.
Antwort:

	Rotbuche	**Stieleiche**
Blattform	ganzrandig, gestielt	gebuchtet, ungestielt
Frucht	Buchecker	Eichel
Wuchsform	höher als breit, Äste weniger verzweigt und gerader als bei Eiche	Äste stark verzweigt
Borke	glatte, gräuliche Borke	stark, gefurchte, braune Borke

Abb. 3: *Aufgabe:* Erläutere in einem Text ausführlich die Bedingungen für eine erfolgreiche Kirschernte.
Antwort:
Der Ernteerfolg hängt von vielen Einflüssen ab:
- Mineralsalze und Wasser müssen im Boden vorhanden sein.
- Es muss genug Licht die Pflanze erreichen.
- Witterung (Kälte, Spätfrost, Hagel) kann den Blüten schaden.
- Es müssen günstige Bedingungen für Bienenflug herrschen (Witterung), damit diese die Kirschbäume bestäuben.
- Andere Kirschbäume müssen gleichzeitig in der Nähe blühen (Fremdbestäubung).
- Schadinsekten, z. B. Kirschfruchtfliegen, können der Kirschernte schaden.

Abb. 4: *Aufgabe:* a) Berechne für jede Temperatur den Mittelwert und stelle die Werte grafisch in einem Diagramm dar. b) Stelle Vermutungen auf, wie die Ergebnisse zu erklären sind.
Antwort:
a)

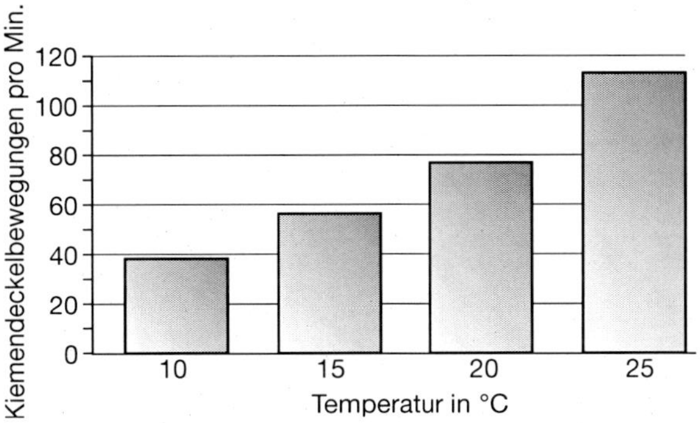

b) Die Stoffwechselaktivität des Fisches nimmt mit steigender Temperatur zu. Deshalb steigt auch der Sauerstoffverbrauch, der Fisch muss schneller „atmen".
Das Wasser enthält bei 10 °C mehr Sauerstoff als bei 25 °C, der Fisch muss bei 25 °C mehr atmen.

Abb. 5: *Aufgabe:* Beschreibe den Verlauf des Säulendiagramms und nenne Gründe für den Verlauf.
Antwort:
Zwischen November und April ist die Zahl der Igel-Verkehrsopfer niedrig, da sich die meisten Igel im Winterschlaf befinden. Ab Mai steigt die Opferzahl stark an, sie ist im August am höchsten und nimmt dann wieder ab. Im Hochsommer werden die jungen Igel nicht mehr gesäugt, sondern sind schon selbstständig, aber noch unerfahren und werden daher häufig überfahren.

M Arbeiten mit Basiskonzepten

–

1 Lebewesen bestehen aus Zellen

1.1 Pflanzen- und Tierzellen

Aufbau von pflanzlichen und tierischen Zellen	Abb. 1, 2

Vergleich von tierischen und pflanzlichen Zellen	1 Abb. 1, 2

Zuordnung von Pflanzen- und Tierzellen an verschiedenen Beispielen	2 Abb. 3

Verhältnis von Oberfläche und Volumen bei Zellen	3 Abb. 4

1

Gemeinsamkeiten:	Unterschiede:
Zellmembran, Zellkern, Cytoplasma	Pflanzenzelle hat Zellwand, Chloroplasten, große Vakuole

2

a)

Bild a:	Bild b:	Bild c:
1. Zellwand	1. Zellwand	1. Zellmembran
2. Chloroplast	2. Zellkern	2. Cytoplasma
3. Zellkern	3. Cytoplasma	3. Zellkern
4. Zellmembran		
5. Cytoplasma		

b) Aufgrund des Vorhandenseins einer Zellwand in Bild a und b handelt es sich bei diesen Zellen um Pflanzenzellen. In Bild c fehlt die Zellwand. Außerdem sind in diesem Bild keine Chloroplasten zu erkennen. Deshalb handelt es sich um Tierzellen.

3

a)

	(a)	(b)	(c)
Gesamtoberfläche [cm^2]	6	150	750
Gesamtvolumen [cm^3]	1	125	125
Verhältnis	6	1,2	6

b) Jede Zelle muss mit verschiedenen Stoffen versorgt werden. Das Verhältnis zwischen Oberfläche und Volumen wird größer, je kleiner die Kantenlänge des Quaders ist. Bei dem kleinen Quader beträgt das Verhältnis zwischen Volumen und Oberfläche 6. Bei einer fünffachen Kantenlänge ist das Verhältnis viel geringer (1,2).
Unter diesen Umständen reichen zum einen die Geschwindigkeit der Vorgänge zum Stoffaustausch und zum anderen die Stoffmenge nicht aus, um die Zelle am Leben zu erhalten. Das Verhältnis zwischen der Oberfläche der Plasmamembran und dem Volumen des Cytoplasmas ist zu klein. Durch ein großes Verhältnis wird also sichergestellt, dass:
- die Wege zur Verteilung der benötigten Stoffen innerhalb der Zelle kurz sind,
- die Aufnahme von Stoffen durch die große Oberfläche sehr groß und somit auch effektiv ist.

1.2 Das Mikroskop als naturwissenschaftliches Arbeitsgerät

Robert Hooke und die Entdeckung der Zellen	Abb. 1–3
Van Leeuwenhoeks Theorie	3
Virchow: Die Zelle als Grundeinheit der Organismen	3 Abb. 7
Weiterentwicklung des Mikroskopes	4
Zellen sind räumliche Gebilde	1 2 Abb. 4,5
Modelle der Zelle	5 Abb. 6

1

Je nach Lichtstärke werden verschiedene Ebenen der dreidimensionalen Zellschichten sichtbar gemacht: bei starker Belichtung (a) sind nur die Chloroplasten der scharf gestellten Ebene sichtbar. Durch das Zuziehen der Blende wird das Bild etwas abgedunkelt und man erhält einen besseren Kontrast. Mit wenig Licht mikroskopiert (b) sind sehr viel mehr Chloroplasten sichtbar, die in anderen Ebenen der Zellen liegen.

2

Beim Mikroskopieren kann immer nur eine Bildebene scharf gestellt werden. Da das mikroskopierte Präparat aber dreidimensional ist (siehe auch Abbildung 6), sind z. T. auch über- und unterhalb der Bildebene liegende Strukturen noch etwas sichtbar, diese allerdings unscharf.

3

Ohne die Vergrößerungsmöglichkeiten durch Mikroskope musste man davon ausgehen, dass kleine, sichtbare Lebewesen wie z. B. Maden „aus dem Nichts", nämlich aus totem Material wie Fleisch, entstehen. Die mithilfe von Mikroskopen mögliche Beobachtung van Leeuwenhoeks, dass es winzige Lebewesen gibt, die aus einer einzigen Zelle bestehen und die spätere Erkenntnis, dass auch größere Lebewesen aus kleinen Einzelzellen bestehen, führten zu der Theorie Virchows, dass Zellen aus anderen Zellen hervorgehen und alles Leben aus früherem Leben entsteht; die kleinen Lebenseinheiten der Zellen sind aber mit bloßem Auge oft nicht sichtbar. Diese Aussage war vor dem Hintergrund der früheren Vorstellung der Urzeugung revolutionär.

4

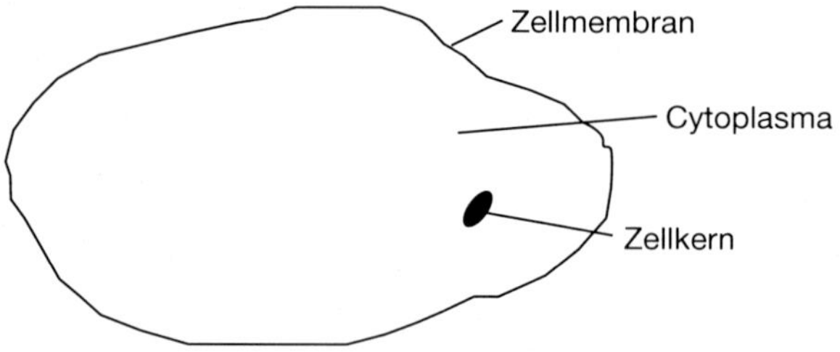

5

Schuhkarton entspricht Zellwand (nur bei Wassserpest, Pflanzenzellen)
Gefrierbeutel entspricht der Zellmembran
Kastanie entspricht Zellkern
Erbsen entsprechen Chloroplasten (nur bei Wassserpest, Pflanzenzellen)

M Mikroskopieren

–

1.3 Zellorganellen

Funktion der einzelnen Zellbestandteile	1 4 Abb. 1 – 3,6

Aufbau, Funktion und Vorkommen von Mitochondrien	2 3 Abb. 4

1

1. Mitochondrien:
Hier findet die Zellatmung statt. Bei diesem Prozess wird Glucose abgebaut. Dabei wird chemische Energie für die Zelle bereitgestellt.
2. Zellkern:
Er steuert die lebensnotwendigen Vorgänge in der Zelle und enthält die Erbinformation (DNA).
3. Kernmembran:
Sie umgibt den Zellkern, grenzt ihn nach außen hin ab.
4. Zellmembran:
Über diese Membran läuft fast der gesamte Stoffaustausch zu benachbarten Zellen ab. Sie wirkt für manche Stoffe wie eine Barriere.
5. Cytoplasmaverbindungen zu anderen Zellen:
Stoffaustausch mit anderen Zellen
6. Zellwand:
Sie gibt der Pflanzenzelle Festigkeit.
7. Chloroplast:
Hier findet die Fotosynthese statt. Dabei werden energiereiche Stoffe für die Pflanzenzelle hergestellt.
8. Vakuole:
Die Vakuole ist für den Wasserhaushalt und die Stoffspeicherung in der Zelle zuständig.
9. Cytoplasma:
Ort vieler Stoffwechselvorgänge

2

a) Man kann erkennen, dass der Umfang der inneren Membran aufgrund vieler Einfaltungen wesentlich größer ist als der Umfang der äußeren Membran.
b) Das Mitochondrium hat die Aufgabe, chemische Energie für die Zelle bereitzustellen. Da die Oberfläche der inneren Membran sehr groß ist, ist zu vermuten, dass hier die Prozesse zur Energiebereitstellung ablaufen und eine große Oberfläche der inneren Membran so die Effektivität der Zellatmung erhöht und trotz der geringen Größe des Mitochondriums viel Energie gewonnen werden kann. Wäre die Oberfläche der inneren Membran nicht so groß, würde ein Mitochondrium weniger effektiv arbeiten.

3

Der prozentuale Anteil der Mitochondrien am Zellvolumen sagt etwas darüber aus, wie hoch der Energiebedarf der jeweiligen Zellen ist.
Der Herzmuskel kontrahiert ständig und arbeitet ein Leben lang. Der Energiebedarf ist entsprechend hoch und schlägt sich im hohen Mitochondrienanteil nieder.
Die Leber als größte Drüse des menschlichen Körpers ist an sehr vielen Stoffwechselprozessen beteiligt, die ebenfalls viel Energie kosten. Auch hier ist der Prozentsatz an Mitochondrien noch recht hoch.
Bei weißen Blutkörperchen ist der Anteil der Mitochondrien am Zellvolumen so gering, da der Energiebedarf dieser Zellen klein ist.

4

1. Zelle: Ribosomen (Herstellung von Proteinen); Fabrik: Produktionsstätte (Fertigung des Produkts)
2. Zelle: Mitochondrien (Zellatmung zur Energiebereitstellung); Fabrik: Kraftwerk (Energiegewinnung für die Fabrik)
3. Zelle: Endoplasmatisches Retikulum (Membransystem: Aufbau, Speicherung und Austausch von Stoffen); Fabrik: Werksstraßen (Austausch von Material zwischen verschiedenen Teilen der Fabrik)
4. Zelle: Zellkern (zentrale Steuerungseinheit, enthält Erbinformation); Fabrik: Firmenzentrale (Verwaltung und Steuerung der Fabrik)
5. Zelle: Zellmembran (Begrenzung der Zelle); Fabrik: Grenze des Fabrikgrundstücks (Abgrenzung des Fabrikgeländes gegenüber der Umgebung)
6. Zelle: Cytoplasmaverbindung (Verbindung zu benachbarten Zellen); Fabrik: Einfahrtstor (Einfuhr und Ausfuhr von Material für die Fabrik)

1.4 Zelle, Gewebe, Organ, Organismus

Gemeinsamkeiten und Unterschiede in Bezug auf Bau und Funktion spezialisierter Zellen	1 Abb. 1

Die Hierarchie von der Zelle bis zum Organismus	2 Abb. 2

Ein Organsystem als offenes System	3 Abb. 3

1

	Gemeinsamkeiten	Unterschiede
Aufbau	– Alle spezialisierten Zellen besitzen, abgesehen von den roten Blutzellen, einen Zellkern, die Zellmembran und das Zellplasma.	– Bei den roten Blutzellen findet man keinen Zellkern. – Die äußere Form der verschieden spezialisierten Zellen ist sehr unterschiedlich.
Funktion	– Alle Zellen haben eine spezielle Aufgabe bzw. Funktion.	– Die Aufgaben sind sehr verschieden: Sie reichen von Informationsweiterleitung bei Nervenzellen bzw. Aufnahme von Reizen bei Sinneszellen über Kontraktion bei Muskelzellen und Transport von Sauerstoff bei den roten Blutzellen bis hin zur Fortpflanzung und der Abwehr von Fremdkörpern und Krankheitserregern bei Geschlechtszellen bzw. weißen Blutzellen.

2

Zelle ⇒ Gewebe ⇒ Organ ⇒ Organsystem ⇒ Organismus
Sinneszelle ⇒ Netzhaut ⇒ Auge ⇒ Nervensystem ⇒ Mensch
Muskelzelle ⇒ Muskel ⇒ Skelettmuskel ⇒ Bewegungssystem ⇒ Mensch
Weiße Blutzelle ⇒ Blut ⇒ Immunsystem ⇒ Mensch

3

a) Ein Organsystem ist ein offenes System. Es ist nicht nur in der Lage, Energie mit der Umgebung auszutauschen (siehe: geschlossenes System), sondern auch Stoffe mit der Umgebung auszutauschen. So kann das Verdauungssystem Nährstoffe und andere, für den Körper wichtige Stoffe über die Nahrung aufnehmen, und scheidet unverdauliche Reste und andere Stoffwechselprodukte wieder aus.

b) Ein Organsystem besteht aus mehreren Teilen (Organen), die sich zu einem Ganzen (Organsystem) zusammensetzen. Zwischen diesen Teilen, den Organen bestehen Zusammenhänge. Der übergeordnete Zusammenhang beim Verdauungssystem besteht beispielsweise in der Funktion der Aufnahme, Verdauung und Ausscheidung von Nahrung. (Übertragung auf den Begriff „Offenes System“ ist schon in Aufgabe a geschehen.)

Erkenntnisse durch historische Versuche

1

a) *Beobachtung:* Pflanzen wachsen.
Problemfrage: Woher nehmen Pflanzen die Stoffe zum Wachstum?
Hypothesen:
1. Pflanzen entnehmen der Erde die Stoffe für ihr Wachstum.
2. Das Wachstum erfolgt durch das Regenwasser (Gießwasser).
3. Das Wachstum erfolgt, indem die Pflanze Stoffe aus der Luft aufnimmt.
4. Pflanzen wachsen, indem sie Stoffe aus der Luft, aus der Erde und aus dem Regenwasser (Gießwasser) aufnehmen.

Versuch: siehe Schülerband
Ergebnis: Die Pflanze ist nach fünf Jahren viel größer und ihre Masse hat von 2,3 kg auf 76,7 kg zugenommen. Die Masse der Erde (ursprünglich 90,7 kg) hat sich nur um 57 g vermindert.
Auswertung im Bezug auf die Hypothesen:
Die Pflanze hat viel mehr an Masse zugenommen, als die Erde verloren hat, das Material zum Wachsen stammt also – zumindest zum weit überwiegenden Teil – nicht aus der Erde;
Hypothese 1 wird durch diesen Versuch nicht gestützt; Hypothese 2, 3 und 4 werden durch diesen Versuch weder bestätigt noch widerlegt (VAN HELMONT selbst nahm an, dass aus dem Gießwasser das stoffliche Wachstum der Pflanzenmasse hervorgehe. Wenn man moderne Kenntnisse über das Verhältnis von Wasseraufnahme und Wasserabgabe durch Transpiration einbezieht, wäre Hypothese 2 als allein zutreffende Hypothese allerdings zu widerlegen).
Übertragung: Es müssen weitere Versuche durchgeführt werden, um die Hypothesen 2, 3 und 4 zu prüfen.
b) Nach heutigem Kenntnisstand: Pflanzen bilden Material mithilfe von Lichtenergie in der Fotosynthese. Zukker ist der Ausgangsstoff für andere Stoffe, durch die Material aufgebaut wird und die Pflanze wachsen kann. Daneben benötigen Pflanzen aber auch Mineralsalze, die sie der Erde entziehen. Diese Mineralsalze machen aber eine relativ geringe Masse aus und fallen daher im Versuch nicht so auf.
Versuchsergebnis in Bezug zu den Hypothesen: siehe unter Aufgabe 1a.

2

a) Versuch a) zeigt, dass durch die Verbrennung einer Kerze ein Stoff in der Luft verbraucht wird, der für den Verbrennungsvorgang notwendig ist. Wenn dieser Stoff verbraucht ist, erlischt die Kerze. Dieser Stoff ist Sauerstoff (siehe Antoine de Lavoisier, 1775).
Auch Tiere brauchen Sauerstoff zum Atmen: Wenn also in Versuch b) unter der Glasglocke die Kerze brennt und eine Maus atmet, ist der Sauerstoff der Luft schneller verbraucht – die Kerze erlischt, und die Maus wird ohnmächtig.
Auch alleine verbraucht die Maus in Versuch c) den gesamten Sauerstoff der Luft in der Glasglocke durch Atmung und wird nach längerer Zeit ohnmächtig.
Wenn dagegen in Versuch d) eine Pflanze unter die Glasglocke gestellt wird, wird die Maus nicht ohnmächtig. Dies zeigt, dass die Pflanze Sauerstoff, den die Maus zum Atmen braucht, produziert, zumindest in den Versuchsbedingungen, d. h. im Hellen (vgl. die Erkenntnisse von Jan Ingenhousz, 1779) und in Anwesenheit einer Maus. Jean Senebier wies 1783 nach, dass Pflanzen im Licht nur dann Sauerstoff herstellen, wenn auch gleichzeitig Kohlenstoffdioxid anwesend ist, ein Gas, das Tiere bei der Atmung freisetzen.
b) Im Dunkeln würde sich in den Versuchsansätzen a–c nichts ändern, da der Verbrauch von Sauerstoff durch Verbrennung und durch Atmung vom Licht unabhängig ist. In Versuch d) allerdings könnte die Pflanze im Dunkeln keine Fotosynthese betreiben, also keinen Sauerstoff herstellen, sie benötigt im Gegenteil im Dunkeln sogar selbst Sauerstoff für ihre Zellatmung. Die Maus würde daher im Dunkeln trotz der Pflanze unter der Glasglocke ohnmächtig werden, vermutlich etwas schneller als in c).

3

Durch die Versuche von Priestley (1771) und de Lavoisier (1775) war bekannt, dass Pflanzen Sauerstoff herstellen und Tiere Sauerstoff zum Atmen brauchen. Um herauszufinden, ob Licht dabei eine Rolle spielt, könnte der Versuch von Priestley unter verschiedenen Lichtbedingungen wiederholt werden:
Wenn sich zeigt, dass die Maus im Dunkeln auch ohnmächtig wird, obwohl eine Pflanze vorhanden ist, zeigt dies, dass Pflanzen nur im Licht Sauerstoff abgeben.
Um herauszufinden, ob nur grüne Pflanzen Sauerstoff

produzieren, müssen nicht-grüne Pflanzen (z. B. Kartoffeln) für den Versuch (einmal im Licht, einmal im Dunkeln) eingesetzt werden.

Andere Lösungen sind möglich, zum Beispiel wenn die Schülerinnen und Schüler die Glimmspanprobe als Nachweis für Sauerstoff einbringen. Jan Ingenhousz arbeitete nicht mit Mäusen. Er stellte je eine brennende Kerze und eine gut beblätterte Pflanzen unter jeweils eine Glocke und stellte eine ins Licht und eine dorthin, wo es dauerhaft dunkel war. In einem weiteren Teilversuch wurden Kartoffeln und eine Kerze unter eine Glocke gestellt und dem Licht ausgesetzt. Die Kerzen erloschen nach kurzer Zeit in jedem der drei Teilversuche. Nach sieben Tagen versuchte Ingenhousz die Kerzen unter der jeweiligen Glocke anzuzünden. Das gelang nur bei der Glocke, die eine grüne Pflanze enthielt und im Licht stand.

2 Fotosynthese

2.1 Fotosynthese

Versuch: Wasserpest im Licht	Demonstration oder Abb. 1
Welches Gas entsteht?	
Glimmspanprobe als Nachweis für Sauerstoff	Abb. 2
Vorgang der Fotosynthese	Abb. 3
Versuch I: Bläschenzählmethode	Abb. 2a, Abschnitt 4 Versuch I
Anwendung	Versuch II (Stillarbeit)
Hausaufgabe	Versuch IV

1

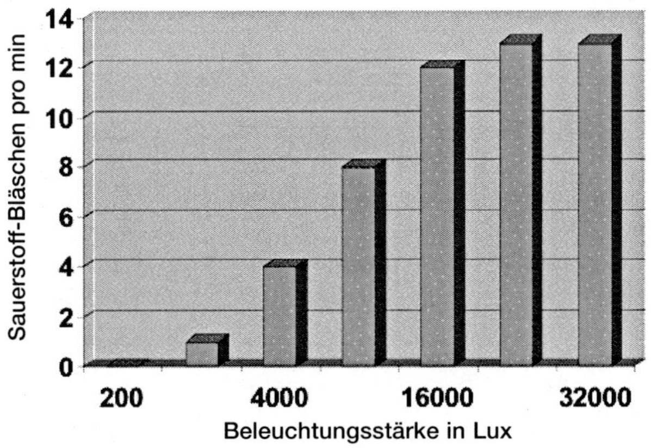

Die Sauerstoffproduktion steigt zunächst langsam, dann sehr schnell in Abhängigkeit von der Beleuchtungsstärke bis zu einem Sättigungswert ab etwa 24000 Lux.
Begründung: Es ist eine bestimmte Lichtmenge für das Anlaufen der Fotosynthese nötig, dann bewirkt die zunehmende Verwertung des Lichts eine ansteigende Sauerstoffproduktion; ab einer bestimmten Lichtmenge ist der Fotosynthese-Apparat ausgelastet und eine Zunahme der Lichtintensität bewirkt keine zusätzliche Steigerung.

b) Versuch II:
Für die Fotosynthese ist CO_2 nötig. Das abgekochte Wasser enthält kaum gelöste Gase, also auch kein CO_2, somit ist keine Fotosynthese möglich. In Leitungswasser ist nur wenig Gas gelöst, daher erfolgt nur eine geringe Produktion (je nach Kalkgehalt auch Verwendung von HCO_3^--Ionen). Mineralwasser enthält am meisten CO_2 (bzw. HCO_3^--Ionen), daher erfolgt hier die größte Fotosynthese-Leistung.
Versuch III:
Teilreaktionen der Fotosynthese sind temperaturabhängig, deshalb ist bei Starklicht eine Zunahme der Fotosynthese-Leistung in Abhängigkeit der Temperatur zu beobachten.
Daher kann man bei 30 °C mehr Bläschen zählen als bei 15 °C. Bei 45 °C kommt die Fotosynthese zum Erliegen, da die beteiligten Enzyme nicht bei jeder Pflanze die hohen Temperaturen aushalten. (Außerdem sinkt der Gasgehalt des Wassers mit steigender Temperatur.)
Versuch IV:
Die blau-schwarze Färbung zeigt an, dass an dieser Stelle im Blatt Stärke gebildet wurde. Da nur hier Licht auf das Blatt getroffen ist, erhält man einen Hinweis, dass Licht für die Fotosynthese nötig ist und der Fotosynthese-Prozess die Grundlage der Stärkebildung ist.
(Die Information, dass der Traubenzucker im Blatt mit der Zeit in Stärke umgewandelt wird, sollte evtl. ergänzt werden.)

c) Zusammenfassung: Die Fotosynthese benötigt Kohlenstoffdioxid, eine ausreichende, aber nicht zu hohe Temperatur und Licht.

2.2 Blätter – Orte der Fotosynthese

Wozu dient Möbelpolitur?	
Inhaltsstoffe: Was bewirkt den Schutz? Bestandteile der Möbelpolitur vorlesen	
Wozu dienen die Bestandteile im Blatt?	Abb. 1a
Organismus-Organ-Gewebe	1
Mikroskopie Blattquerschnitt	3 Abb. 4
Zeichnung, Aufgaben der Schichten	
Hausaufgabe	2

1

Begriffe: Die Zelle ist die funktionelle Einheit des Lebens. Um verschiedene Aufgaben erfüllen zu können, enthält sie verschiedene Elemente. Diese Organe der Zelle heißen nach der lateinischen Verkleinerungsform Organellen. Die Zellen differenzieren und spezialisieren sich, um in einem Lebewesen verschiedene Funktionen wahrnehmen zu können. Gleichartige Zellen, die in einem Verband angeordnet sind, nennt man ein Gewebe. Verschiedene Gewebe werden zu einer funktionellen Einheit zusammengefasst, einem Organ. Alle Organe eines Lebewesens zusammen bilden den Organismus.
Aufgaben der Gewebe im Blatt für die Fotosynthese:
Im Palisadengewebe erfolgt aufgrund der zahlreichen Chloroplasten der größte Anteil der Fotosynthese. Dazu verwenden die Zellen das Wasser, das durch die Leitbündel ins Blatt gebracht wird, und Kohlenstoffdioxid, das durch die Interzellularen des Schwammgewebes zu den Zellen gelangt. Bei der Fotosynthese erzeugen die Zellen Sauerstoff und Traubenzucker. Letzterer wird zum Teil im Schwammgewebe gespeichert, zum Teil über die Leitbündel in andere Teile der Pflanze gebracht. Der Sauerstoff gelangt über die Interzellularen durch Spaltöffnungen nach draußen. Die Epidermis und die Kutikula haben keine direkte Aufgabe bei der Fotosynthese. Sie dienen als Verdunstungsschutz und Schutz vor mechanischen Einflüssen.

2

Kategorie	Fabrik	Blatt
Betriebsgelände	abgegrenzt durch Zaun	geschützt durch Epidermis und Kutikula
Anlieferung von Stoffen	entsprechende Leitungen und Straßen im Gelände	Leitbündel für Wasser und Schließzellen für Kohlenstoffdioxid
Umwandlung	im chemischen Reaktor	Chloroplast
Abtransport von Stoffen	Lagerung, Verpackung und Verschickung über Straße oder Leitungen	Abgabe von Sauerstoff über Spaltöffnungen, Glucose wird gelagert oder über Leitbündel abtransportiert
Werkstore	bewacht, nur bei Legitimation geöffnet	Spaltöffnungen, bei Bedarf geöffnet
Energiebedarf	durch eigenes Kraftwerk oder über Leitungen	durch Zellatmung bereitgestellt
Zusammenarbeit der Arbeitsteilungen	verschiedene Arbeitsgruppen und innerhalb der Gruppen verschiedene Aufgabenverteilung	Zusammenarbeit auf 3 Ebenen: verschiedene Organe im Organismus, verschiedene Gewebe im Organ, verschiedene Organellen in der Zelle

3

siehe Mikroskopierbücher oder Abb. 1 in räumlicher Darstellung

4

zur Mikroskopie von Sternmooszellen siehe Abb. 2a und 2b

5

Wenn blaues Licht und rotes Licht absorbiert werden, bleiben Gelb und Grün übrig. Das lässt die Blätter im weißen Licht grün aussehen.

2.3 Glucose wird in zahlreiche Stoffe umgewandelt

Mikroskopie von Stärkekörnern	**3** Abb. 2
andere Stoffe, die die Pflanze braucht, sammeln	
Bau- und Betriebsstoffe	**1** Abschnitt 1
andere gebildete Stoffklassen	Abschnitte 3–5
Mikroskopie Blattquerschnitt	**1**
Zusammenfassung	**2**
Hausaufgabe	**4**

1

Stoffwechsel bezeichnet die Gesamtheit der Stoffaufnahme, Stoffumwandlung und -speicherung sowie Stoffausscheidung eines Lebewesens.
Der Baustoffwechsel beschreibt die Teilbereiche, die für den Substanzaufbau und -abbau verantwortlich sind.
Der Betriebsstoffwechsel beschreibt die Teilbereiche, die für die Energiebereitstellung verantwortlich sind.

2

Aus Wasser und Kohlenstoffdioxid erzeugt das Blatt durch Fotosynthese Sauerstoff und Glucose. Aus Glucose entstehen durch verschiedene Stoffwechselreaktionen Betriebsstoffe wie andere Kohlenhydrate und Fette und verschiedene Stoffe des Baustoffwechsels wie Duft-, Farb- und Giftstoffe oder DNA.

3

zur Mikroskopie von Stärkekörnern siehe Abb. 2 oder Lehrbücher für Mikroskopie

4

Errechnen der Glucosemenge:

$$\text{Glucosemenge} = \text{Blattfläche } [m^2] \times \text{Stunden} \times 1g\ \text{Glucose}/(m^2 \times h)$$
$$= 0{,}3284\ m^2 \times 105 \times 14h \times 1\ g/m^2 \times h + 0{,}6567\ m^2 \times 60 \times 12h \times 1\ g/m^2 \times h$$
$$= 483\ g + 473\ g = 956\ g$$

2.4 Die Bedeutung der Fotosynthese für die Erde

Überblick: Verschiedene Aspekte der Bedeutung der Fotosynthese	
Bedeutungen der Fotosynthese global	2 (1) Abb. 2–6
Fotosynthese eines Laubbaumes	Abb. 2
Globale Verteilung des Chlorophylls	3 Abb. 1

1

Beispiele für Bildunterschriften:

2) Dieser Baum versorgt durch Fotosynthese 11 Menschen mit Sauerstoff.

3) Pflanzen produzieren durch Fotosynthese Nahrung für Tiere (und Menschen).

4) Fotosynthese treibende Lebewesen schufen in der Erdgeschichte die sauerstoffhaltige Atmosphäre und die lebenswichtige Ozonschicht.

5) Fossile Energieträger und nachwachsende Rohstoffe gründen auf der Fotosynthese der Pflanzen.

6) Kohle geht auf die Fotosynthese in längst vergangenen Zeiten zurück.

2

Plakat: „Die Bedeutung der Fotosynthese“: zahlreiche individuelle Lösungen

3

Auf der Satellitenaufnahme der Erde sind deutlich die mit Pflanzenwuchs bedeckten Bereiche der Erdoberfläche zu erkennen. Direkt am Äquator, z. B. in Zentralafrika, in großen Teilen Südamerikas und in Indonesien ist der Chlorophyllgehalt sehr hoch (dunkelgrüne Gebiete), hier wächst dichter tropischer Regenwald mit einer hohen Pflanzendichte. Nach Norden hin schließt sich in Afrika ein großer Wüstengürtel, die Sahara, an, in der fast keine Pflanzen wachsen und der Chlorophyllgehalt daher sehr niedrig ist (helle Farbe). Solche chlorophyllarmen Wüstengebiete gibt es außerdem an der Westküste Südamerikas (Atacama-Wüste in Peru, Chile), in Arabien, im Iran, in Zentralasien (z. B. Turan, Hochland von Tibet, Gobi) und in Australien. Nordamerika, Europa und der Norden Asiens sind durch ihre dichten Laub- und Nadelwälder chlorophyllreich. In der Arktis und der Ant-arktis ist kaum pflanzliches Leben möglich und der Chlorophyllgehalt entsprechend gering. Auch die Meere zeigen einen unterschiedlichen Chlorophyllgehalt: In den tropischen Meeren in der Nähe des Äquators ist der Chlorophyllgehalt sehr gering (blaue Farbe), im Nordatlantik, im Nordpazifik und an vielen Küsten ist die Dichte des pflanzlichen Planktons im Meer dagegen höher, was an der hellblauen und grünen Färbung zu sehen ist.

Die Satellitenaufnahme wurde vermutlich im europäischen Sommer gemacht, da auf der Nordhalbkugel relativ wenige verschneite Gebiete zu sehen sind und die Vegetation zum Beispiel in Mitteleuropa voll entwickelt ist.

2.5 Energie

Wichtige Energie-Begriffe	
Energieformen, Energiewandlungen	2 Abb. 2 (1)
Energiefluss	1 Abb. 1
Energiewandlungen und Energiefluss	3 Abb. 1,2

1

a) Im Laufe des Energieflusses folgen verschiedene Energieumwandlungen aufeinander. Energiewandler wandeln eine Energieform in andere Energieformen um. Die Lichtenergie der Sonne wird in den grünen Blättern der Kartoffelpflanze in chemische Energie (Nährstoffe) und Wärme umgewandelt. Biomasse zählt zu den erneuerbaren Energien. Der Mensch isst die Kartoffel und kann die darin gespeicherte Energie durch Zellatmung nutzbar machen. Beim Fahrrad fahren wird die chemische Energie der Nährstoffe der Kartoffel in Bewegungsenergie und in Wärme gewandelt. Wenn der Dynamo am Fahrrad eingeschaltet ist, wandelt dieser einen Teil der Bewegungsenergie in elektrische Energie um, mit der eine Lampe betrieben werden kann, die die elektrische Energie wiederum in Strahlungsenergie (Licht) und Wärme umwandelt.
Bei jeder Energiewandlung wird Wärme abgegeben, die nicht weiter genutzt werden kann (Energieentwertung). Dadurch wird der Wirkungsgrad gemindert.
b) Bei jeder Energiewandlung wird Wärme abgegeben, die nicht weiter genutzt werden kann. Diese Energieentwertung führt dazu, dass immer weniger Energie nutzbar bleibt, was im Diagramm darstellbar ist, indem die horizontalen Pfeile mit jedem Schritt kleiner werden.

2

a) Beispiele:
Der Ventilator wandelt elektrische Energie in Bewegungsenergie.
Ein Gasbrenner wandelt chemische Energie in Wärmeenergie.
In einer Leuchtdiode wird elektrische Energie in Lichtenergie gewandelt.
Beim Reiben der Hände wird Bewegungsenergie in Wärmeenergie gewandelt.
Solarzellen wandeln Lichtenergie in elektrische Energie.
b) Beispiele für Energiewandlungen des Menschen:
Verdauung (Zellatmung): chemische Energie in chemische Energie und Wärme
Muskelbewegung: chemische Energie in Bewegungsenergie und Wärme
Hände reiben: Bewegungsenergie in Wärmeenergie
c) Lichtenergie wird von der Sonne in das System der Erde von außen zugeführt. Pflanzen können in der Fotosynthese Lichtenergie in chemische Energie umwandeln, die so für alle Lebewesen auf der Erde nutzbar wird, für die Pflanzen selbst und für Tiere und Menschen, deren Nahrungsgrundlage Pflanzen sind (für Pflanzenfresser direkt, für Fleischfresser indirekt). Die meisten Energieträger beruhen auf der durch Fotosynthese genutzten Energiezufuhr durch die Sonne, z. B. nachwachsende Energieträger wie Brennholz und Pflanzenöle, aber auch fossile Energieträger wie z. B. Erdöl und Kohle, die aus organischen Substanzen früherer Lebewesen entstanden sind. Wichtig für das Leben auf der Erde ist auch der Umstand, dass Sonnenlicht an der Erdoberfläche zum Teil in Wärme gewandelt wird.

3

Beispiele für Energieflussdiagramme:
Sonne (Lichtenergie) → Pflanze (chemische Energie)
→ Mensch (chemische Energie)
Sonne (Lichtenergie) → Pflanze (chemische Energie)
→ Holzverbrennung (Wärme)
Sonne (Lichtenergie) → Pflanze (chemische Energie)
→ Kuh (chemische Energie)
→ Mensch (chemische Energie)
→ Mensch (Bewegungsenergie)

2.6 Fotosynthese und Zellatmung

Fotosynthese und Atmung, Wechselwirkungen	1	Abb. 1–3
Auch Pflanzen atmen	2	Abb. 4(1,3)
Wechselwirkungen von Fotosynthese	3	Abb. 5,3

1

Alle Lebewesen, die Zellatmung betreiben, benötigen Sauerstoff. Pflanzen, die Fotosynthese betreiben, nutzen einen Teil des frei werdenden Sauerstoffs für die eigene Zellatmung, ein anderer Teil steht anderen atmenden Lebewesen, darunter Tiere, zur Verfügung. Zur Fotosynthese benötigen Pflanzen neben Licht und Wasser auch Kohlenstoffdioxid, das von atmenden Lebewesen als Produkt der Zellatmung in die Luft abgegeben wird. Zellatmung und Fotosynthese der Pflanzen sind daher zwei Vorgänge, die in Wechselwirkung stehen. Gleichzeitig wird durch die Fotosynthese Sonnenenergie zur Umwandlung von energiearmen Stoffen in energiereiche Glucose genutzt. Von dieser in der Pflanze gespeicherten Energie hängen direkt oder indirekt alle Tiere ab.

2

a) Beobachtung: Mit der Zeit nimmt die CO_2-Konzentration im Gefäß ab, von 630 ppm CO_2 sind nach 15 Min. nur etwa 430 ppm übrig (ppm = parts per million).
Deutung: Im beleuchteten Glas betreiben die Efeublätter Fotosynthese und entziehen dem Wasser und in der Folge der über dem Wasser stehenden Luft CO_2.
b) Wenn die Blätter im Dunkeln stehen, können sie keine Fotosynthese betreiben. Demnach werden sie der Luft im Gefäß kein CO_2 entziehen. Im Gegenteil: durch die auch bei Pflanzen immer ablaufende Zellatmung wird im Dunklen die Kohlenstoffdioxidkonzentration zunehmen.

3

1) keine Änderung (weder Fotosynthese noch Zellatmung laufen ab)
2) keine Änderung (weder Fotosynthese, noch Zellatmung laufen ab); 1 und 2: Kontrollen
3) Die Sauerstoffkonzentration wird zunehmen, da Pflanzen im Licht durch die Fotosynthese mehr Sauerstoff produzieren, als sie in der Zellatmung verbrauchen. Gleichzeitig wird der Kohlendioxid-Gehalt leicht abnehmen, da dem Wasser mehr Kohlenstoffdioxid für die Fotosynthese entzogen wird, als durch Zellatmung der Pflanze hinzukommt.
4) Der Sauerstoffgehalt des Wassers wird abnehmen und der CO_2-Gehalt ansteigen, da die Pflanzen Zellatmung betreiben und im Dunkeln keine Fotosynthese möglich ist.
5) Der Sauerstoffgehalt wird abnehmen und der Kohlenstoffdioxidgehalt zunehmen, da die Fische dem Wasser Sauerstoff für die Zellatmung entziehen und gleichzeitig Kohlenstoffdioxid bilden und ins Wasser abgeben.
6) Genauso wie in 5); die Zellatmung ist unabhängig vom Licht.
7) Sauerstoff- und Kohlenstoffdioxidgehalt des Wassers werden etwa konstant bleiben. Der von den Pflanzen produzierte Sauerstoff wird von den Fischen veratmet, das dabei frei werdende CO_2 von den Pflanzen in der Fotosynthese umgesetzt. Bei geringer Pflanzendichte oder vielen Fischen werden sich die Verhältnisse verschieben, da mehr Sauerstoff verbraucht wird als durch Fotosynthese frei wird und mehr CO_2 produziert wird als durch die Fotosynthese umgesetzt wird.
8) Der Sauerstoffgehalt wird stark abnehmen und der CO_2-Gehalt stark zunehmen. Sowohl Pflanzen als auch Fische brauchen Sauerstoff zur Zellatmung und geben CO_2 an das Wasser ab; Fotosynthese kann im Dunkeln nicht stattfinden.

M Basiskonzepte zum Thema „Zellen und Fotosynthese“

Inhalte des Kapitels wiederholen – Basiskonzepte zuordnen **1**

Sachverhalt	Basiskonzepte
1	Struktur und Funktion, Geschichte und Verwandtschaft
2	Struktur und Funktion, Kompartimentierung, Stoff- und Energieumwandlung
3	Stoff- und Energieumwandlung
4	Struktur und Funktion
5	Struktur und Funktion, Reproduktion
6	Struktur und Funktion (Oberflächenvergrößerung), Kompartimentierung, Stoff- und Energieumwandlung
7	Struktur und Funktion, Kompartimentierung
8	Struktur und Funktion, Kompartimentierung
9	Stoff- und Energieumwandlung
10	Stoff- und Energieumwandlung
11	Stoff- und Energieumwandlung

Mit der richtigen Argumentation lassen sich eventuell weitere Basiskonzepte zuordnen.

3 Insekten gehören zu den Gliederfüßern

3.1 Stämme der Wirbellosen

–

3.2 Der Stamm der Gliederfüßer

–

3.3 Äußerer und innerer Bau von Insekten

Äußerer Bau der Wespe	Abb. 1,2
Merkmale der Insekten	1
Innerer Bau der Wespe	Abb. 2-4

Atmung und Blutkreislauf der Insekten	Abb. 5,6
Wärmeregulation	3 Abb. 7

1

	Hund	Wespe
Atmungsorgane	Lunge (Luftröhre, Bronchien)	Tracheen (chitinausgekleidete Röhren, leiten Luft ins Körperinnere)
Verdauungsorgane	Magen, Dünndarm, Dickdarm	Darm, durchzieht schlauchförmig den ganzen Körper
Nervensystem	Gehirn, Rückenmark, Nervenfasern	Gehirn, Bauch-Nervenstrang
Blutkreislauf	geschlossener Blutkreislauf	offener Blutkreislauf
Herz	Herz mit zwei Kammern	schlauchförmiges Herz, offen
Skelett	Innenskelett aus Knochen	Außenskelett aus Chitin
Fortbewegung	vier Beine	sechs Beine, zwei Flügelpaare
Ausscheidung	Niere, Blase, Harnröhre getrennt von Darm, After	Ausscheidungsorgane im Hinterleib, münden gemeinsam mit dem Darm
Geschlechtsorgane	Geschlechtorgane im Hinterleib	Keimdrüsen im Hinterleib

2

a) Die Tracheen beginnen außen seitlich am Körper in den Stigmen. Im Körperinneren verzweigen sie sich baumartig in immer kleiner werdende Röhren und leiten Luft zu allen Organen des Insektenkörpers, die so mit Sauerstoff versorgt werden. Durch die feine Verzweigung der Tracheen muss der Sauerstoff nur noch einen kurzen Weg bis in das Gewebe überwinden und Insekten benötigen daher nicht ihr Blutsystem zum Sauerstofftransport.

b) Die Tracheen beginnen in kleinen Öffnungen im Chitinpanzer, den Stigmen, als große Röhren und verzweigen sich dann in immer kleinere Äste, die dann an den Muskeln und anderen Organen offen enden. Sie sind ringartig verstärkt und ähneln in ihrer Gestalt der Luftröhre und den Bronchien des Menschen. Auch die Luftröhre des Menschen ist ein durch Knorpelringe gefestigter Schlauch, der sich dann in die kleineren Äste der Bronchien verzweigt. In der menschlichen Lunge gelangt so die Luft bis zum Lungengewebe, wo der Sauerstoff der Luft in das Blut aufgenommen und dann im Blutkreislauf im ganzen Körper verteilt wird. Die Tracheen durchziehen im Gegenteil dazu den ganzen Körper und versorgen das Gewebe direkt, es ist kein Transport über das Blut notwendig. Die ringförmigen Verstärkungen der Luftröhre und auch der Tracheen verhindert ein Zusammenfallen durch den beim Atmen entstehenden Unterdruck, bzw. bei Insekten während der Luftbewegung durch das Bewegen des Körpers.

c) Beim Staubsaugen wird ein starker Unterdruck aufgebaut, um den Schmutz einzusaugen. Wäre der Staubsaugerschlauch nicht durch Verstärkungsringe verhärtet, so würden seine Wände durch den Unterdruck zusammengedrückt werden und der Schlauch würde sich verschließen (wie im Modellversuch mit dem Strohhalm).
Die gleiche Funktion haben die Verstärkungsringe der Tracheen und der Luftröhre: Auch hier wirkt ein Unterdruck (z. B. wenn beim Einatmen Luft wie bei einem Staubsauger eingesaugt wird) und die Knorpelringe verhindern das Verschließen der Luftröhre bzw. die ringförmige Verstärkung das Verengen der Tracheen. Im Gegensatz zu einem starren Rohr mit gleichförmig dicken Wänden bleibt ein Schlauch mit Verdickungsringen trotz seiner Stabilität gegenüber Druck flexibel und beweglich.

3

Durch das Zittern der Flugmuskulatur erwärmt sich der Körper im Brustbereich. Auch das vom Herz von hinten nach vorne gepumpte kalte Blut wird beim Eintritt in den Brustbereich erwärmt, verteilt diese Wärme und transportiert sie zu den Muskeln im Brustbereich, insbesondere zu der Flugmuskulatur. Beim Zurückfließen in den Hinterleib ist das erwärmte Blut dem kalten Blut im Herzen sehr nahe und nur durch eine dünne Haut getrennt. Daher erwärmt das zurückfließende Blut aus der Brust das kalte Blut des Hinterleibs schon, bevor dieses in den warmen Brustbereich eintritt. Die Wärmeübertragung ist so effektiver. Das Blut verteilt also die Wärme im Insektenkörper, wobei der Brustbereich mit der Flugmuskulatur besonders erwärmt wird und der Hinterleib dagegen relativ kühl bleibt.

3.4 Insekten sind Ernährungsspezialisten

Grundbauplan der Mundwerkzeuge	Abb. 1,2
Spezialisierung der Mundwerkzeuge	1 2 4 Abb. 3,6,7
Veränderung der Mundwerkzeuge in der Individualentwicklung	3 Abb. 4,5

1

	leckend	stechend	tastend	beißend	saugend
Unterkiefer	zweigeteilt, seitlich der Unterlippe, gerade	sehr lang und spitz, zweigeteilt	sehr kurz, seitlich abstehend, zweigeteilt	zwei fühlerartig ausgebildete Teile	sehr lang, aufgerollt
Unterlippe	bildet Saugrüssel, hat am Ende ein Löffelchen, das Nahrung aufleckt	sehr lang und spitz, zweigeteilt	breit, bildet Platte, die auf den Untergrund aufgesetzt wird, um ihn nach Nahrung abzutasten	kurz und an den Enden spitz, zerschneidet Nahrung	fühlerartig zu beiden Seiten nach oben stehend
Oberkiefer	Zweigeteilt seitlich der Oberlippe, über dem Unterkiefer	sehr lang und spitz, zweigeteilt	zurückgebildet (nicht zu sehen)	kurz und dick, zweigeteilt, seitlich der Oberlippe	sehr klein, zweigeteilt, seitlich der Oberlippe
Oberlippe	breit, oberhalb der Unterlippe	sehr lang und spitz, zweigeteilt	klein, oberhalb der Unterlippe	groß, zwischen den beiden Teilen des Oberkiefers	sehr klein, über dem Unterkiefer (Saugrüssel)
Tier-Beispiel	Biene	Stechmücke	Fliege	Schabe, Raupe, Ameise	Schmetterling

2

- Leckende Mundwerkzeuge: Nektar
- Stechende Mundwerkzeuge: Blut, Insekten, Pflanzensaft
- Tastende Mundwerkzeuge: Milch, Saft
- Beißende Mundwerkzeuge: Blätter, Blüten, Stängel, Samen, Haut, Wurzeln, Insekten, Holz
- Saugende Mundwerkzeuge: Nektar

3

Die Schmetterlingsraupe ernährt sich von Blättern und anderen Pflanzenteilen. Um diese zerschneiden und zerbeißen zu können besitzt sie beißende Mundwerkzeuge.

Der erwachsene Schmetterling ernährt sich von Nektar, der sich am Boden der Blüte befindet. Er streckt seinen langen, sonst aufgerollten Saugrüssel aus, steckt ihn in die Blüte und saugt den Nektar am Blütenboden auf. Der Schmetterling besitzt saugende Mundwerkzeuge.

4

Die Stubenfliege besitzt tastende Mundwerkzeuge, den Tupfrüssel. Die Unterlippe ist unten stark verbreitert und kann wie eine Platte auf den Untergrund aufgesetzt werden. Damit tastet die Stubenfliege den Untergrund nach Nahrungsresten ab. Zur Zerkleinerung fester Nahrungsteile gibt die Fliege aus Speicheldrüsen Verdauungssekrete ab, die die Nahrung außerhalb des Körpers verflüssigen. Dann kann sie, genauso wie flüssige Nahrung, vom Saugrüssel über die Speiseröhre aufgesaugt werden.

3.5 Die Entwicklung von Insekten

Entwicklungsstadien nennen und beschreiben	Abb. 3

Unterschiede bei der unvollkommenen Verwandlung	1 2 3 Abb. 1,2

Planung eines Versuchs (evtl. inkl. Durchführung)	4

1

Die Weibchen von Tagpfauenauge und Heuschrecke legen beide kleine Eier. Während beim Schmetterling zunächst eine Raupe schlüpft, sieht die Larve der Heuschrecke einem adulten Tier bereits sehr ähnlich. Beide Larven häuten sich mehrmals, weil der wachsende Körper nicht mehr in die „alte" Hülle passt. Im letzten Larvenstadium schließt sich die Raupe in einem Kokon zu einer Puppe ein. In dieser Zeit entwickelt sie sich zum Schmetterling. Bei der Heuschrecke findet diese Entwicklung im letzten Larvenstadium statt. Nach der letzten Häutung schlüpft die Imago.

2

a) Der Begriff ist deshalb zutreffend, weil sich das Tier in dieser Zeit kaum bewegt und keine Nahrung aufnimmt sowie keine Ausscheidungsprodukte sichtbar werden. Im Inneren findet jedoch ein gewaltiger Umbau von Organen statt, der eine große Stoffwechselleistung erfordert. Von Ruhe kann also keine Rede sein.
b) Vorteile:
Vorgang geht schneller, da die gesamten Energiereserven für die Entwicklung verwendet werden können.
gute Tarnung durch Farbe und Bewegungsmangel
Nachteile:
wehrlos Witterung und Feinden ausgeliefert

3

Zunächst legt das Weibchen ein Eischiffchen aus kleinen Eiern, die senkrecht auf dem Wasser stehen. Daraus schlüpfen behaarte Larven, die mit einer Atemröhre an der Wasseroberfläche atmen. Dabei hängen sie mit dem Kopf nach unten. Sie entwickeln sich zu einer Puppe mit einem sehr großen Kopf-Brustteil. Die Atemöffnungen befinden sich am Rücken, sodass die Tiere jetzt mehr oder weniger waagrecht schwimmen. Beim Schlüpfen platzt die Oberseite auf und die fertige Mücke klettert auf die Wasseroberfläche.
Es handelt sich um eine vollständige Verwandlung.

4

a) Die Larven des Mehlkäfers sind anfangs weißlich und etwa 0,3 cm lang. Je nach Haltungs-Temperatur (am besten zwischen 22 °C und 30 °C) können die Larven des Mehlkäfers im Verlauf von etwa sieben Häutungen innerhalb von ca. fünf bis neun Wochen auf das zehnfache (dann ca. 3 cm) heranwachsen. Die Larven bekommen zunehmend eine bräunliche Färbung.
b) Aus den in den Lebensmitteln kaum sichtbaren Eiern schlüpfen längliche, shrimps-farbene Larven, die sich zu fast farblosen Puppen entwickeln. Die adulten Käfer sind dagegen durchgehend schwarz gefärbt. Die Größe der letzten Larvenstadien, der Puppen und der Käfer ist vergleichbar.
c) Die „Mehlwürmer" sind keine Würmer sondern Insektenlarven. Sie gehören zu einem anderen Tierstamm.

3.6 Ameisen leben in Staaten zusammen

Aufbau eines Ameisenstaates

Arbeitsteilung und Kommunikation	2 Abb. 1,3

Das Jahr der Kleinen Roten Waldameise	1 Abb. 1,2

1

Januar + Februar: Kälte → Nahezu alle Tiere sind im tiefen Nestbereich.
März: Königinnen und Arbeiterinnen wandern in die Nestkuppel (Bereich über dem Boden), es werden Eier für Geschlechtstiere gelegt, aus denen z. T. schon Larven schlüpfen. Larven werden zur Erhaltung der richtigen Temperatur gesonnt.
April: Es werden noch Eier für Männchen und Weibchen gelegt, außerdem auch Eier für Arbeiterinnen. Es entstehen die ersten Puppen der Geschlechtstiere und Larven für Arbeiterinnen; z. T. noch Besonnung. Die ersten Männchen schlüpfen. Alle Tiere sind in der Nestkuppel zur Brutpflege oder außerhalb des Nestes (Arbeiterinnen im Außendienst).
Mai: Männchen und Weibchen sind geschlüpft, in der 2. Monatshälfte schwärmen sie (Paarung). Puppen der Arbeiterinnen und Arbeiterinnen sind in der Nestkuppel (Brutpflege). Die Königinnen wandern zurück in den tiefen Nestbereich (in der Nestkuppel ist es evtl. zu warm) und legen bis in den Juli Eier für Arbeiterinnen, aus denen Larven entstehen. Die Puppen befinden sich in der Nestkuppel.
Juni bis Oktober: Arbeiterinnen sind bis in den Oktober im „Außendienst“ aktiv. Ab August suchen auch Arbeiterinnen wieder tiefe Nestbereiche auf (abnehmende Temperaturen). Puppen gibt es nur noch Anfang September.
November + Dezember: Keine Tiere im Außendienst (keine Nahrung, zu kalt). In der 2. Dezemberhälfte sind keine Tiere mehr in der Nestkuppel (kalte Temperatur).

2

a) Die gesamte Verständigung innerhalb des Ameisenstaates erfolgt über Pheromone und Körpersprache. Da ein Ameisenstaat nur durch Arbeitsteilung funktioniert, ist die Verständigung für das Zusammenwirken unbedingt notwendig. Beispiele: Gemeinsamer Geruch, Verteidigung des Nestes, Nahrungsbeschaffung usw.
b) Larven werden im Staat gefüttert. Die Käfer werden aufgrund der Pheromone von den Ameisen nicht bekämpft, sondern für Larven gehalten und gefüttert.

M Ein Lernplakat erstellen

–

3.7 Tarnen und Warnen

Impuls: Warum sind manche Tiere auffällig gefärbt, andere aber kaum von der Umgebung zu unterscheiden?	Abb. 1-6

Wirksamkeit von Tarnung	1 Abb. 7,8

Wann ist eine auffällige Färbung sinnvoll?	Abb. 1-3, 5,10

Mimikry: Vorbilder und Nachahmer	2 Abb. 1,2,5,10

Evolution von Tarnung	3 Abb. 11

1

a)

Gruppe	unversehrt	gefressen
1	60,87%	39,13%
2	62,07%	37,93%
3	76,67%	23,33%

b) Ob eine Puppe überlebt oder gefressen wird, hängt von mehreren Faktoren ab, zum Beispiel der Zahl der Fressfeinde, dem Sättigungszustand der Fressfeinde oder der Anzahl der Puppen. Auch der Zufall spielt eine große Rolle. So kann beispielsweise auch eine schlecht sichtbare Puppe von einem Fressfeind entdeckt und gefressen werden, wenn dieser zufällig an der Stelle sucht, wo die Puppe liegt.

2

a) Vorbilder sind die mäßig giftigen Schlangen. Werden mögliche Fressfeinde von ihnen gebissen, überleben sie, lernen aber, dass die Schlangen „unangenehm" sind. Die tödlich giftigen Schlangen können nicht die Vorbilder sein, weil bei den gebissenen Tieren kein Lerneffekt eintreten kann (ein Lerneffekt der Artgenossen eines gebissenen Tieres kann in der Regel vernachlässigt werden, weil die meisten Räuber einzeln leben). Die tödlich giftigen Schlangen sind also ebenso wie die ungiftigen Arten Nachahmer.

b)

	1950	1951	1952	1953
Verhältnis Vorbilder : Nachahmer	2,3 : 1	3,28 : 1	2,71 : 1	3,01 : 1

c) Die abschreckende Wirkung der Warntracht würde vermutlich nachlassen, da mögliche Fressfeinde bei den ungiftigen Arten keine schlechten Erfahrungen sammeln können und bei den tödlich giftigen Schlangen keine Lernerfahrungen gemacht werden können.

3

a) Die an Land lebenden Tiere (a, b, d) kommen wahrscheinlich in einem Lebensraum mit dichtem Blattwerk vor. In einem Baum voller Blätter sind sie durch ihre blattförmige Gestalt für Fressfeinde und Beutetiere kaum zu entdecken. Der blattförmige Fisch (b) kommt wahrscheinlich in flachen Gewässern vor, in denen sich heruntergefallene Blätter auf Steinen befinden. Hier ist er durch seine Form und Farbe gut getarnt.

b) Zufällig auftretende Individuen mit (leicht) blattförmiger Gestalt hatten in bestimmten Lebensräumen (Bäume mit dichtem Blattwerk) einen Überlebensvorteil durch ihre gute Tarnung. So entwickelten sich in der Evolution (durch Mutation und Selektion) immer extremere Körper- und damit Tarnungsformen.

3.8 Der Birkenspanner – Anpassung durch natürliche Auslese

Der Birkenspanner – eine biologische Art	
Dunkle und helle Birkenspanner und die Industrialisierung in England	1 b Abb. 1–3
Anpassung durch natürliche Auslese	1 a,c Abb. 2,3
Gedankenmodell zur natürlichen Ausle	2 Abb. 4
Modellversuch zur natürlichen Auslese	3 Abb. 4

1

a) *Angepasstheiten:* Merkmale eines Lebewesens, die in der Auseinandersetzung mit der Umwelt vorteilhaft sind
Fortpflanzungserfolg: Wahrscheinlichkeit eines Lebewesens, sich fortpflanzen und seine Erbanlagen an die Nachkommen weiterzugeben
Natürliche Auslese (Selektion): unterschiedlicher Fortpflanzungserfolg der Individuen einer Art aufgrund unterschiedlicher Ausprägung erblicher Merkmale
b) In der zweiten Hälfte des 19. Jahrhunderts nahm der Anteil dunkler Birkenspanner in den Industriegebieten Englands sehr stark zu, waren es 1845 nur einige Exemplare, machten die dunklen Tiere 1895 bereits 95 % aus. Noch bis zur Mitte des 20. Jahrhunderts waren in den Industriegebieten dunkle Tiere häufiger, in ländlichen Gebieten dagegen helle Birkenspanner. Erst in der zweiten Hälfte des 20. Jahrhunderts nahm die Häufigkeit der dunklen Birkenspanner in den Industriegebieten Englands als Folge der zurückgehenden Luftverschmutzung wieder ab und liegt heute um 60 %.
c) Dunkle Tiere waren Ende des 19. Jahrhunderts in den Industriegebieten Englands auf der durch Luftverschmutzung schwarz gefärbten Borke der Bäume für Fressfeinde schlechter zu erkennen als helle Tiere. Sie hatten so einen Fortpflanzungvorteil gegenüber hellen Tieren. Dies führte dazu, dass der Anteil dunkler Tiere in dieser Zeit in den betroffenen Gebieten stark zunahm, es also zur natürlichen Selektion kam. Die dunkle Färbung der Schmetterlinge war eine Angepasstheit an diese spezielle Umwelt. Nach Abnahme der Luftverschmutzung im 20. Jahrhundert setzte die entgegenwirkende Entwicklung ein: Helle Birkenspanner waren auf der nun wieder hellen Borke der Birken gegenüber Fressfeinden besser getarnt als dunkle und dies erhöhte ihren Fortpflanzungserfolg; der Anteil heller Birkenspanner nahm wieder zu.

2

Die Körperfarbe der Insekten in (a) ist ein erbliches Merkmal. Die Individuen der Insektenart zeigen Merkmalsunterschiede, sie haben verschiedene Farbausprägungen. Hierdurch sind sie auf dem Untergrund für Fressfeinde (hier: Blaumeise) unterschiedlich gut getarnt: Helle Individuen werden schnell entdeckt und gefressen (b). Die gut getarnten mittelgrünen Individuen haben bessere Überlebenschancen und ihr Fortpflanzungserfolg ist erhöht. Nach einiger Zeit sind dadurch immer mehr (c) und schließlich fast ausschließlich mittelgrüne Individuen vorhanden (d); es hat natürliche Auslese stattgefunden.

3

Entsprechungen im Modell:
Tapetenreste – Umwelt
Konfetti – Beutetiere
unterschiedliche Farben des Konfetti – unterschiedlich vorteilhafte Merkmalsausprägungen (z. B. Färbung/Tarnung)
Schüler – Beutegreifer/Fressfeinde
Versuchsablauf: Konfetti wird auf den Tapetenresten verteilt. Die Schüler greifen im halbverdunkelten Raum zu. Im Anschluss wird das verbliebene Konfetti protokolliert: Welche Farben sind auf welcher Tapete wie häufig? Nicht gefundene Konfetti-Plättchen stellen die Lebewesen dar, die Angepasstheiten an ihre Umwelt aufweisen und sich fortpflanzen können (natürliche Auslese).
Der Modellversuch kann ergänzt werden durch mehrere aufeinander folgende Runden, wobei nach jeder Runde das verbleibende Konfetti durch gleichfarbiges ergänzt wird (entspricht der Fortpflanzung der angepassten Individuen). So wird die Veränderung der Merkmalsverteilung in der verbliebenen Population verdeutlicht und das Prinzip der natürlichen Auslese klarer.

M Basiskonzepte zum Thema „Wirbellose Tiere"

Inhalte des Kapitels wiederholen – Basiskonzepte zuordnen **1**

Sachverhalt	Basiskonzepte
1	Geschichte und Verwandtschaft, Reproduktion
2	Geschichte und Verwandtschaft
3	Variabilität und Angepasstheit
4	Struktur und Funktion
5	Variabilität und Angepasstheit
6	Steuerung und Regelung
7	Reproduktion
8	Information und Kommunikation
9	Variabilität und Angepasstheiten, Geschichte und Verwandtschaft
10	Variabilität und Angepasstheit

Mit der richtigen Argumentation lassen sich eventuell weitere Basiskonzepte zuordnen.

4 Ökosystem Wald

4.1 Der Wald ist gegliedert

Tiere und Pflanzen des Waldes	Abb. 1
„Welche Tiere und Pflanzen leben wo und wie?“ Gliederung des Waldes in Schichten	1 Abb. 1
Biozönose – Biotop – Ökosystem	2

1

a) und **b)**:

Rotbuche: 8	Baum- oder Kronenschicht
Fichte: 2	Baum- oder Kronenschicht
Haarmoos: 17	Moosschicht
Aronstab: 3	Krautschicht
Baummarder: 11	Baum- oder Kronenschicht
Eiche: 12	Baum- oder Kronenschicht
Eichhörnchen: 5	Baum- oder Kronenschicht
Fuchs: 15	Krautschicht
Habicht: 19	Krautschicht
Reh: 4	Krautschicht
Waldameise: 10	Boden
Waldmaus: 18	Krautschicht
Schattenblume: 6	Krautschicht
Adlerfarn: 16	Krautschicht
Große Sternmiere: 14	Krautschicht
Eichelhäher: 9	Baum- oder Kronenschicht
Eichenwickler: 13	Baum- oder Kronenschicht
Buntspecht: 7	Baum- oder Kronenschicht
Haselnuss: 21	Strauchschicht
Buchdrucker: 1	Baum- oder Kronenschicht
Holunder: 20	Strauchschicht

2

Biozönose: Lebensgemeinschaft aller Lebewesen, die in einem Lebensraum regelmäßig vorkommen
Biotop: Lebensraum, in dem eine Biozönose lebt; umfasst alle abiotischen Bestandteile des Lebensraums
Ökosystem: Wirkungsgefüge aus Biotop und Biozönose

M Bestimmen von Bäumen – digitales Herbarisieren

1

a) Lärche
b) Waldkiefer
c) Fichte
d) Tanne
e) Rosskastanie
f) Holunder
g) Eberesche
h) Spitzahorn
i) Bergahorn
k) Feldahorn
l) Stieleiche
m) Rotbuche
n) Traubeneiche
o) Hainbuche
p) Warzenbirke
q) Schwarzpappel
r) Sommerlinde
s) Winterlinde

2

Bestimmungsschlüssel für die Nadelbaumarten

1	Wintergrüne Pflanze	2
1+	Nadeln bis zu 15 cm lang, in Büscheln, im Winter abfallend	Lärche
2	Nadeln 1–2,5 cm lang, dunkelgrün	3
2+	Nadeln 3–8 cm lang, blaugrün	Waldkiefer
3	Zapfen aufrecht an den Ästen sitzend	Tanne
3+	Zapfen an den Ästen hängend	Fichte

4.2 Konkurrenz um Licht

Frühblüher, Beispiele: Buschwindröschen und Scharbockskraut	1 Abb. 1,2
Stockwerke und Lichtverhältnisse im Wald	2 Abb. 2,3 4 Abb. 5
Angepasstheiten der Frühblüher (Angepasstheiten bei Efeu und Waldmeister)	3a Abb. 1–3 3b,c Abb. 3,4,6

1

Buschwindröschen:
6 weiße Kronblätter, leicht rosa unterlaufen, sternförmig angeordnet
Blätter gestielt, geteilt
Frühblüher im Wald
bildet ausgedehnten Blütenteppich
blüht im März, im Juni sind alle oberirdischen Teile abgestorben
unterirdische Speicherorgane
Scharbockskraut:
8 gelbe Kronblätter, sternförmig angeordnet
Blätter gestielt, rundlich, herzförmig
Frühblüher im Wald
blüht im März, im Juni sind alle oberirdischen Teile abgestorben
unterirdische Speicherorgane

2

a) Stockwerkaufbau und Lichtverhältnisse im Sommer:
Das oberste Stockwerk des Waldes bildet die Kronenschicht (40 m), die das volle Sonnenlicht erreicht.
Innerhalb der Kronenschicht nimmt die Sonneneinstrahlung ab, die Strauchschicht (5 m) erhält nur noch 1/4 des Sonnenlichts.
Darunter liegen die Krautschicht (1 m) und die Moosschicht (20 cm). Bis hierhin kommt nur noch ein sehr kleiner Teil des Sonnenlichts (ca. 1/16).
Die unterste Schicht im Wald ist die Bodenschicht.

Skizze für den Wald im Frühjahr:

b)
Im Winter (Dez., Jan.) ist die Lichtintensität am Boden eines Laubwaldes eher gering, die Bäume haben zwar noch keine Blätter, aber die Lichteinstrahlung der Sonne ist insgesamt schwach.
Im Frühjahr (Feb.–April) nimmt die Lichtintensität am Boden stark zu und ist im April sehr hoch. Die Bäume haben noch kaum Laub ausgebildet und fast die gesamte Sonneneinstrahlung erreicht den Waldboden. In dieser Zeit treiben Frühblüher wie das Scharbockskraut und das Buschwindröschen aus und blühen.
Ende April/Mai, wenn sich das volle Laub der Bäume entfaltet, nimmt die Lichtintensität stark ab und zwischen Juni und August erreicht nur sehr wenig Licht den Waldboden. Erst ab September, wenn die Bäume anfangen, ihr Laub abzuwerfen, nimmt die Lichtintensität wieder leicht zu.
Pflanzen wie der Waldmeister sind an dunkle Lichtverhältnisse angepasst, er blüht im Mai, hat aber das ganze Jahr über oberirdische Pflanzenteile. Auch der Efeu ist das ganze Jahr über im Wald zu finden, er blüht Ende September/Oktober.

3

a) Buschwindröschen und Scharbockskraut treiben sehr früh im Jahr aus, wenn die Lichtintensität im Laubwald hoch ist. Mithilfe des Lichts wachsen sie schnell und bauen Nährstoffe auf. Diese Nährstoffe lagern sie in unterirdischen Speicherorganen ein, um im nächsten Jahr wieder früh Blätter ausbilden zu können. Im Sommer, wenn die Lichtintensität am Waldboden gering ist, sind alle oberirdischen Pflanzenteile abgestorben.
b) Der Efeu kann auch bei niedrigen Lichtintensitäten leben und ist das ganze Jahr über grün. Außerdem ist Efeu eine Kletterpflanze, die an Bäumen empor klettert

und so höhere Stockwerke des Waldes erreicht, wo die Lichtintensität höher ist.

c) Auch der Waldmeister kann mit wenig Licht leben, er wächst im Sommer im Schatten der Bäume.

4

Im Fichtenwald ist der Waldboden dunkel und es wachsen kaum Pflanzen, im Laubwald ist am Boden mehr Licht und der Waldboden ist grün bewachsen.

Ein Fichtenwald ist sehr dicht, sodass kaum Licht den Waldboden erreicht. Pflanzen brauchen Licht zum Wachsen, daher gibt es im Fichtenwald keine auffällige Krautschicht aus Pflanzen.
Ein Laubwald ist lichter, es gelangt mehr Licht durch die Bäume bis zum Boden. Pflanzen können wachsen und es bildet sich eine grüne Krautschicht.

4.3 Standortansprüche von Rotbuche und Waldkiefer

Standortansprüche von Rotbuche und Waldkiefer im Vergleich	**2** Abb. 1,2
Bau und Leistungen von Laub- und Nadelblättern im Vergleich	**1** Abb. 3
Sonnen- und Schattenblätter als Anpassungsleistungen	**3**

1

a) Das Rotbuchenblatt zeigt den typischen geschichteten Aufbau eines Blattes mit den verschiedenen Geweben, einer dünnen Cuticula und teils sehr großen Zellen. Außerdem sind mehrere Leitbündel zu erkennen.
Die Fichtennadel hat nur kleine Zellen, ein Leitbündel in der Mitte und eine dicke Wachsschicht um die Nadel herum.

b) *Blattoberfläche*
Rotbuche: groß → kann viel Licht auffangen und viel Wasser verdunsten
Waldkiefer: klein → Schutz vor zu großer Wasserverdunstung, nutzt das Licht nicht so effektiv wie die Buche, aber dafür ganzjährig
Ausnutzung des Sonnenlichts
Rotbuche: sehr gut → große Blätter, die versetzt zueinander stehen, Rotbuche wächst bei wenig Licht
Waldkiefer: braucht sehr viel Licht, kann das Licht nicht so gut ausnutzen, da die Blattoberfläche klein ist
Wasserabgabe über die Blätter
Rotbuche: viel, wegen großer Blattoberfläche
Waldkiefer: wenig, wegen kleiner Blattoberfläche

2

Die Keimlinge der Rotbuche können bereits bei sehr wenig Licht wachsen. Sie nutzen das Sonnenlicht sehr effektiv aus, indem ihre Blätter versetzt zueinander stehen. Allerdings verdunstet über die große Blattoberfläche sehr viel Wasser; daher müssen sie im Herbst die Blätter abwerfen. Ansonsten würde das Wasser in den Blätter gefrieren, die Zellen kaputt machen und der Baum könnte im folgenden Jahr nicht austreiben. Ihre Samenanlage liegt in einem Fruchtknoten (Bedecktsamer); die Blüten werden durch den Wind bestäubt. Im Herbst sind die Früchte (Bucheckern) reif, fallen zu Boden und können im folgenden Jahr auskeimen. Die Verbreitung ist örtlich eher begrenzt. Ein Herbststurm vor dem Reifen der Früchte hätte ernsthafte Folgen, da die Verbreitung der Samen damit nicht gewährleistet wäre.
Im Gegensatz dazu betreibt die Waldkiefer das ganze Jahr über Fotosynthese. Durch die Struktur ihrer Blätter ist sie daran angepasst, im Winter kaum Wasser zu verdunsten. In Trockenzeiten kommt sie durch ihre langen Pfahlwurzeln an Grundwasser. Ihre Samenanlage liegt nicht in einem Fruchtknoten (Nacktsamer). Auch hier werden die Blüten vom Wind bestäubt; allerdings sind die Samen so leicht, dass sie auch über größere Gebiete durch den Wind verteilt werden können.

3

a) Schattenblätter wachsen an lichtarmen Stellen im Baum.
Durch die große Blattoberfläche und den hohen Gehalt an Blattfarbstoffen können die Schattenblätter das wenige Licht gut für die Fotosynthese nutzen.
Das intensivere Sonnenlicht dringt tief in die dickeren Sonnenblätter ein, sodass die innen liegenden Zellen Fotosynthese treiben können.

Sonnenblätter sind kleiner und dicker, da so der Wasserverlust durch Verdunstung bei starker Sonneneinstrahlung verringert wird.

	Sonnenblatt	Schattenblatt
Position im Baum	äußere Bereiche der Baumkrone	untere Bereiche der Baumkrone
Lichtverhältnisse am Wuchsort	viel Licht	wenig Licht
Blattoberfläche (Ø)	28 cm^2	47 cm^2
Blattdicke	0,2 mm	0,1 mm
Gehalt an Farbstoffen im Blatt	gering (halb so hoch wie bei Schattenblatt)	hoch (doppelt so hoch wie bei Sonnenblatt)

b) Vorschlag 1: Äste mit Sonnenblättern und solche mit Schattenblättern getrennt einpflanzen und verschiedenen Lichtstärken aussetzen. Bei dunklen Lichtverhältnissen bilden sich Schattenblätter aus (groß und dünn), bei starker Lichteinstrahlung bilden sich Sonnenblätter aus (klein und dick).

Vorschlag 2: Bäume so beschneiden, dass Äste, die bisher im Schatten gewachsen sind, viel Licht erhalten. Größe der neu wachsenden Blätter mit den ursprünglichen vergleichen.

4.4 Spechte vermeiden Konkurrenz

Angepasstheit des Körperbaus	Abb. 1,2
Nahrungserwerb des Buntspechtes	4 Abb. 3,8
Arterkennung und Paarbildung	
Revierbildung	
Fortpflanzung und Entwicklung	
Weitere Spechtarten	1 3 Abb. 4–7
Konkurrenzvermeidung	2 Abb. 9

1

Art A – Schwarzspecht
Art B – Grünspecht
Art C – Buntspecht

Weitere Merkmale:

Schwarzspecht	Grünspecht	Buntspecht
langer, kräftiger und heller Schnabel; lang gestreckter schlanker Körper mit verhältnismäßig großem Kopf	kräftiger, langer Schnabel, Kopfpartie um die Augen herum schwarz, nach hinten auf zwei Seiten keilförmig auslaufend; Unterseite hell; Schwanz mit zwei Spitzen und oben mit bräunlichem Ring	Federkleid im Schwanzbereich schwarz-weiß gesprenkelt, ansonsten schwarz; breiter weißer Streifen auf dem Flügel; Kopf mit schwarzer Haube, die bis in den Brustbereich ausläuft; Bereich der Augen und Stirnpartie hell gefärbt

Der Wendehals ist nicht beschrieben.
Steckbrief des Wendehalses: kurzer Schnabel; braun-weiß gesprenkelte dunkle Flügel; Rücken und Oberseite des Kopfes grau mit hellen Tupfen; braun gesprenkelte Unterseite und Kehle; weißer Streifen unter den Augen; lange Schwanzfedern

2

Spechtart	Ernährung
Schwarzspecht	schlägt das ganze Jahr über die Borke von Bäumen auf und stochert nach Borkenkäfern und Larven
Grünspecht	hackt Löcher in den Boden und holt mit der Zunge Ameisen aus ihren Gängen
Buntspecht	schlägt die Borke von Bäumen auf und sucht nach Larven des Borkenkäfers, sammelt in den Baumkronen Insekten von Ästen und Blättern ab; im Herbst sucht er Nüsse, Eicheln, Obst und Knospen; im Winter ernährt er sich von fetthaltigen Samen der Fichten- und Kiefernzapfen

Grünspechte ernähren sich, anders als die anderen Spechtarten, von Ameisen, die sie im Boden finden. Sie stehen daher nicht mit Bunt- und Schwarzspecht in Konkurrenz um Nahrung. Schwarzspechte ernähren sich von Borkenkäfern und ihren Larven. Auch Buntspechte fressen Borkenkäferlarven, allerdings wird die direkte Konkurrenz dadurch vermieden, dass der Buntspecht auch andere Nahrungsquellen hat: Er sammelt Insekten von Ästen und Blättern ab, im Herbst sucht er außerdem nach Nüssen, Eicheln, Obst und Knospen und im Winter, wenn das Nahrungsangebot sowieso knapper ist, ernährt er sich von Samen der Fichten- und Kiefernzapfen. Durch die unterschiedliche Ernährungsweise stehen die Spechtarten kaum miteinander in Konkurrenz um Nahrung und können zusammen in einem Lebensraum leben.

3

Ameisen überwintern in tief im Boden gelegenen Wohnbauten (50 cm tief). Der Wendehals, der sich von Ameisen ernährt, erreicht mit seinem kurzen Schnabel die Wohnbauten der Ameisen nicht, er findet bei uns daher im Winter kaum Nahrung. Deshalb verbringt er als Zugvogel den Winter in wärmeren Gebieten, in denen er ausreichend Nahrung findet.

4

a) Schwarzspecht – Baumspecht
Buntspecht – Baumspecht
Grünspecht – Bodenspecht
b) Abb. 8a – Harpunenzunge
Abb. 8b – Leimzunge
Die Harpunenzunge der Baumspechte dient dem Aufspießen der Beute. Mit ihrer Hilfe kann die Beute durch die Öffnung aus dem Baum herausgezogen werden. Die Widerhaken verhindern ein Entkommen. Die sehr lange Leimzunge der Bodenspechte kann den engen Gängen der Bodenameisen folgen und die Ameisen durch das Klebesekret erbeuten.

4.5 Konkurrenz und ökologische Nischen

Wintergoldhähnchen und Sommergoldhähnchen vermeiden Konkurrenz	**1** Abb. 1–3
Das Konzept der Ökologischen Nische	
Wachstum von Gräsern mit und ohne Konkurrenz	**2** Abb. 4

1

a) Sommer- und Wintergoldhähnchen kommen in unseren Misch- und Nadelwäldern vor. Es handelt sich um Singvögel, deren Gesang sich jedoch unterscheidet. Sie wohnen in ähnlichen Revieren, unterscheiden sich jedoch durch Aussehen, Verhalten und Umweltansprüche. Im Gegensatz zu den Wintergoldhähnchen ziehen Sommergoldhähnchen im Herbst nach Südeuropa.
b) In Abbildung 2 ist die Fortbewegung von Winter- und Sommergoldhähnchen während der Nahrungssuche in Abhängigkeit von der Zeit dargestellt. Man erkennt, dass

Wintergoldhähnchen über einen Zeitraum von circa 20 Minuten nur etwa 100 Meter entfernt suchen, im Gegensatz zu den Sommergoldhähnchen, die in der gleichen Zeit teilweise über 500 Meter zurücklegen. Daraus lässt sich ableiten, dass Wintergoldhähnchen relativ kleine Bereiche gründlich und Sommergoldhähnchen größere Bereiche eher „oberflächlich" nach Beute absuchen.
Abbildung 3 zeigt die Zusammensetzung der Beute der beiden Goldhähnchen. Man erkennt, dass die Art der Nahrung ähnlich ist: Beide fressen Raupen, Spinnen und Falter. Sie unterscheiden sich jedoch in der Größe der Beute. Wintergoldhähnchen bevorzugen eher kleine Beutetiere, Sommergoldhähnchen dagegen eher größere.

2

a) Bei welcher Bodenfeuchtigkeit wachsen die jeweiligen Grasarten am besten und wie verhalten sie sich unter Konkurrenz?
b) Alle drei Grasarten haben einen ähnlichen Wuchsbereich: Ohne Konkurrenz wachsen alle Arten am besten bei recht hoher Bodenfeuchtigkeit. Unter Konkurrenz setzen sich der Wiesenfuchsschwanz im feuchten, der Glatthafer im mittleren und die Trespe im trockeneren Bereich durch.
c) Diese Aussage ist falsch: Die Trespe wächst ohne Konkurrenz anderer Arten am besten im feuchten Bereich. Unter Konkurrenz setzt sie sich jedoch gegenüber anderen im trockenen Bereich durch.

4.6 Wälder verändern sich

Wälder sind verschieden	**1** Abb. 1
Wälder als Lebensräume – Biodiversität und Waldtyp	**1 2** Abb. 2
Waldzusammensetzung in Gegenwart und Zukunft	**3** Abb. 3

1

a) Abbildung a zeigt einen Waldrand. Die abgebildeten Bäume scheinen nur aus einer einzigen Baumart zu bestehen. Es sind hochwüchsige Nadelbäume, die nur in der Krone Äste und Nadeln haben. Es handelt sich um einen Nadelwald in Monokultur. Abbildung b zeigt das Waldesinnere in Bodennähe. Es sind die Baumstämme älterer, hochwüchsiger Bäume, junge Nadel- und Laubbäume sowie im Bodenbereich verschiedene Sträucher und moosbedeckte Felsbrocken abgebildet. Es handelt sich dabei um einen naturnahen Mischwald. Abbildung c zeigt ebenfalls ein Waldesinneres. Es sind die Stämme älterer, hochwüchsiger Bäume sowie einige junge Laubbäume abgebildet. Der Boden ist von altem Laub und wenig Bewuchs bedeckt. Es handelt sich dabei um einen naturnahen Laubwald.
b) Der menschliche Einfluss ist in dem Wald in a am größten. Der Wald wurde künstlich angelegt; er dient vermutlich der Holzgewinnung. Im Wald in b ist der menschliche Einfluss am geringsten. Er sieht naturbelassen aus. Im Wald in c liegt der Einfluss zwischen a und b. Er ist eventuell bewirtschaftet, wobei nur einzelne Bäume zur Holzgewinnung gefällt werden.
c) Im Wald b ist die Tier- und Pflanzenwelt vermutlich am artenreichsten. In diesem naturnahen Mischwald gibt es viele unterschiedliche Lebensräume. Hier konnten sich viele verschiedene ökologische Nischen bilden. Es gibt eine hohe Biodiversität.
d) Am besten eignet sich der Wald in a; die Bäume wachsen schnell und haben eine ähnliche Größe.
e) Vermutlich wurde mit den Monokulturen der Versuch gemacht, eine industrielle Forstwirtschaft ähnlich der Landwirtschaft aufzubauen: Große Flächen werden mit der „Nutzpflanze" bepflanzt und später „geerntet". Die frei gewordene Fläche wird wiederum bepflanzt.
Die künstlich bepflanzten Monokulturen sind anfälliger für Sturmschäden und Schädlinge als naturnahe Wälder. Die frisch gerodeten Flächen sind anfälliger für Erosion.
Die Monokulturen werden wieder durch naturnahe Wälder ersetzt, da sie weniger anfällig sind und eine größere biologische Vielfalt bieten. So helfen sie den Artenreichtum zu bewahren.

2

a) Das Diagramm zeigt die Anzahl von seltenen und häufigen Vogelarten des Bayerischen Waldes in Abhängigkeit von dem Alter der Bäume. Man erkennt, dass bei älteren Bäumen die Anzahl der selteneren Vogelarten deutlich höher ist. Auch die Anzahl der häufigen Vogelarten steigt an, jedoch nicht so stark. Bei einem Alter der Bäume von 5–10 Jahren sind keine seltenen Vogelarten vorhanden. Je älter die Bäume werden, desto vielfältiger werden offensichtlich die Lebensräume, die der Wald bietet.

b) Im Zuge des Naturschutzes sollten mehr naturnahe Wälder angelegt werden, in denen auch alte Bäume wachsen, um die biologische Vielfalt zu „fördern" und zu erhalten.

3

Das Diagramm zeigt den deutlichen Rückgang von Nadelbäumen und einen Zuwachs an Laubbäumen; es spiegelt wieder, dass von Nadelwald-Monokulturen Abstand genommen wird und vermehrt naturnahe Wälder angelegt werden.

4.7 Borkenkäfer

Der Borkenkäfer als Schädling	Abb. 1,2
Die Vermehrung des Borkenkäfers	**1** Abb. 1
Massenvermehrung des Borkenkäfers	**3** **4** Abb. 1
Bekämpfung des Borkenkäfers	**2** Abb. 1,3

1

a)

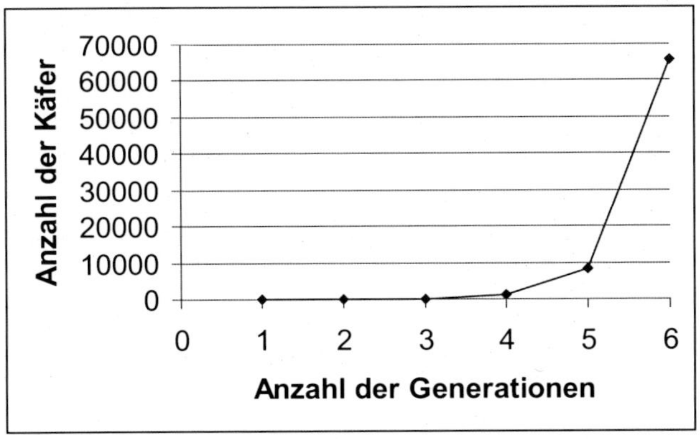

b) Die Borkenkäfer zerstören den Bast und damit den Assimilationstransport des Baumes.

c) Man erkennt Borkenkäfer oft erst spät, da sie ihre Paarungskammern im *Bast* anlegen. Sie bohren sich durch die Rinde und sind daher erst eher „unauffällig". Folge ist, dass der Befall dann schon sehr stark ist und der Baum derart beschädigt ist, dass er abstirbt.

2

a) a → zu jeder Zeit (vor allem, wenn der Befall schon weit fortgeschritten ist)
b → vor einem möglichen Befall
c → wenn schon Befall vorhanden ist
d → zu jeder Zeit
e → wenn die Männchen sich auf die Suche nach geeigneten Bäumen für die Brut machen
f → wenn die Männchen Pheromone abgeben
b) Insektizide wirken gegen viele Insekten und nicht spezifisch. Man greift damit in mehrere Populationen ein und nimmt Einfluss auf das gesamte Ökosystem. Außerdem können Insektizide ins Grundwasser gelangen.
c) Vermutlich wird bei einem Abstand von 15 Metern das Männchen „eindeutig" zu der Falle gelockt. Würde die Falle näher am Baum stehen, würde das Männchen sich vielleicht doch auf dem Baum niederlassen, da es davon ausgeht, der Duft käme vom Baum.
d) Die Pheromone der Fallen können nicht gut genug von den abgegebenen Pheromonen der Männchen unterschieden werden. Somit wird ein Großteil der Weibchen trotz Fallen das Männchen „finden".
e) Pheromonfallen locken die Käfer an. Je mehr Käfer in der Falle landen, um so mehr Käfer sind im Wald aktiv, da damit zu rechnen ist, dass sich die Zahl der gefangenen Tiere proportional zur Gesamtzahl verhält. Die

Beobachtung von Fallen ermöglicht es, eine plötzliche Zunahme der Käfer festzustellen und entsprechend zu reagieren. Ein solches Projekt könnte darin bestehen, in gefährdeten Bezirken einige Fallen aufzustellen und täglich zu kontrollieren. Die Zahl der gefundenen Käfer wird dabei notiert und die Tiere werden jeweils aus der Falle entfernt.

f) Als Fangbaum bezeichnet man gefällte Bäume, die man vorläufig liegen lässt. Man fällt Bäume, die liegen bleiben, damit sich Borkenkäfer darauf ansiedeln. Anschließend muss man diese Bäume entfernen und vernichten.

g) Abgestorbene Bäume stehen zu lassen ist sinnvoll, wenn mit einem Borkenkäferbefall zu rechnen ist, da Borkenkäfer bevorzugt alte und kranke Bäume befallen. Nach einem Befall kann man auch diese Bäume vernichten und so einer Massenausbreitung entgegen wirken.

3

Es gibt weniger Fressfeinde als Borkenkäfer; die klimatischen Bedingungen (z. B. Trockenheit) sind deutlich günstiger für die Borkenkäfer, die sich schneller vermehren; Einsatz von Insektiziden gegen Fressfeinde; Monokulturen, wo Fressfeinde keine ökologische Nische finden und daher wenig vorhanden sind; geringere Generationszeit der Borkenkäfer im Gegensatz zu ihren Fressfeinden

4

Fortpflanzung + Entwicklung
Information + Kommunikation
Wechselwirkung

M Walderkundung

1

Ergebnisse sind abhängig von den untersuchten Waldstücken.

2

a), b) Da die Länge des Stocks genau der Armlänge entspricht, bildet sich ein gleichschenkliges, rechtwinkliges Dreieck zwischen Auge, Hand und Stockspitze. Bei der gewählten Position entsteht zwischen Auge, Baumstamm und Baumspitze ein Dreieck, das die gleichen Winkel hat und daher ebenfalls gleichschenklig ist. Die Seitenverhältnisse der beiden Dreiecke entsprechen sich, somit entspricht der Abstand zum Baum plus die Körpergröße der Baumhöhe.

3

Im Inneren des Waldes gelangt wenig Licht an den Waldboden. Weiter oben ist die Lichtintensität höher. Am Waldrand ist die Lichtintensität höher als im Waldesinneren.

4

Auf Freiflächen sind die Temperaturschwankungen am größten, im Waldesinneren am geringsten. Besonders am Waldboden schwankt die Temperatur nur wenig.

5

Waldboden bindet die Farbstoffe. Das Wasser, das in das Auffanggefäß gelangt, ist deshalb nur noch schwach oder überhaupt nicht mehr gefärbt. Kies hat keine Filterwirkung. Offensichtlich sind es die organischen Bestandteile des Bodens, die die Farbstoffe binden.

6

Durch Sand versickert das Wasser schnell. Entscheidend für die Versickerungsdauer ist unter anderem die Korngröße und der Gehalt an organischen Bestandteilen. Je größer die Korngröße und je geringer der Humusgehalt ist, desto schneller versickert das Wasser.

M Basiskonzepte zum Thema „Wald“

Inhalte des Kapitels wiederholen – Basiskonzepte zuordnen **1**

Sachverhalt	Basiskonzepte
1	Variabilität und Angepasstheit
2	Variabilität und Angepasstheit
3	Struktur und Funktion, Stoff- und Energieumwandlung
4	Variabilität und Angepasstheit
5	Variabilität und Angepasstheit
6	Variabilität und Angepasstheit, Geschichte und Verwandtschaft
7	Reproduktion, Variabilität und Angepasstheit
8	Struktur und Funktion
9	Geschichte und Verwandtschaft, Variabilität und Angepasstheit

Mit der richtigen Argumentation lassen sich eventuell weitere Basiskonzepte zuordnen.

5 Verwandtschaft der Wirbeltiere

5.1 Die Geschichte des Lebens auf der Erde

Entwicklung eines Gefühls für verschiedene Zeiträume	2	
Stationen der Entwicklung des Lebens auf der Erde	1	Abb. 1,2
Auch der Planet Erde verändert sich	3	Abb. 3
Blick in die Zukunft	4	

1

a) Zeitleiste 28,5 cm
Kambrium: Dauer 60 Mio J = 30 mm = 3 cm
Ordovizium: Dauer 75 Mio J = 37,5 mm = 3,7 cm
Silur: Dauer 25 Mio J = 12,5 mm = 1,3 cm
Devon: Dauer 55 Mio J = 27,5 mm = 2,7 cm
Karbon: Dauer 65 Mio J = 32,5 mm = 3,3 cm
Perm: Dauer 40 Mio J = 20 mm = 2 cm
Trias: Dauer 45 Mio J = 22,5 mm = 2,2 cm
Jura: Dauer 70 Mio J = 35 mm = 3,5 cm
Kreide: Dauer 70 Mio J = 35 mm = 3,5 cm
Tertiär: Dauer 63,4 Mio J = 31,7 mm = 3,2 cm
Quartär: Dauer 1,6 Mio J = 0,8 mm = 0,1 cm
b) Vor 500 Mio J, d.h. bei 25 cm vom Ende des Quartärs gemessen, im Ordovizium: erste Wirbeltiere
Vor 440 Mio J, d.h. bei 22 cm vom Ende des Quartärs gemessen, im Ordovizium: erste Pflanzen auf dem Festland
Vor 410 Mio J, d.h. bei 20,5 cm vom Ende des Quartärs gemessen, im Devon: erste Insekten
Vor 355 – 290 Mio J, d.h. bei 17,8 – 14,5 cm vom Ende des Quartärs gemessen, im Karbon: Steinkohlewälder
Vor 200 Mio J, d.h. bei 10 cm vom Ende des Quartärs gemessen, im Jura: erste Säugetiere
Vor 130 Mio J, d.h. bei 6,5 cm vom Ende des Quartärs gemessen, in der Kreide: erste Blütenpflanzen
Vor 65 Mio J, d.h. bei 3,3 cm vom Ende des Quartärs gemessen, in der Kreide: Aussterben der Dinosaurier
Vor 2 Mio J, d.h. bei 1 mm vom Ende des Quartärs gemessen, im Quartär: erste Menschen
c) Das Präkambrium begann vor 4,8 Milliarden Jahren, d.h. 4800 Mio Jahre entsprechen 2400 mm = 240 cm = 2,4 m.
d) –

2

4,8 Mrd J. – Alter der Erde
2 Mio J. – so lange gibt es den Menschen
500 Mio J. – so lange gibt es Wirbeltiere
1300 J. – Höchstalter einer Eiche
3,8 Mrd J. – Alter des Lebens auf der Erde
1 J. – Dauer eines Erdumlaufs um die Sonne
1 Tag – Dauer einer Erdumdrehung
1 Sek – so lange braucht das Licht für 300 000 km
100 J. – Höchstalter eines Wals

3

Vor 250 Millionen Jahren bildeten die heutigen Kontinente zwei riesige zusammenhängende Kontinente, Laurasia (N-Amerika und Eurasien) nördlich des Äquators und südlich des Äquators Gondwana (S-Amerika, Afrika, Asien, Australien, Antarktis), China und Indien waren vorgelagerte Inseln. Beide Riesenkontinente lagen eng beieinander; die restliche Erdoberfläche war von Meer bedeckt. Heute liegt die Landmasse hauptsächlich auf der Nordhalbkugel. N-Amerika und S-Amerika hängen nur locker zusammen, Europa, Asien, Indien, Arabien und Afrika bilden eine zusammenhängende Landmasse, die Antarktis liegt isoliert am S-Pol.

4

Eine weitere Veränderung ist wahrscheinlich, da die Bedingungen auf der Erde sich im Laufe langer Zeiträume ändern und mit ihnen verändern sich die Lebewesen. Mögliche Diskussionsstichworte: Veränderte Umweltbedingungen: Klimaänderung, Schmelzen der Pole, Vulkanausbrüche verändern die Landschaft; Ausrottung von Arten durch den Menschen, Entstehung neuer Tiere

5.2 Die Vielfalt der Arten

Was ist eine biologische Art?	
Evolution der Artenvielfalt	
Ordnung in der Artenvielfalt – Das hierarchische System von Linné	1 a,b Abb. 1
Jede Art hat eine eigene ökologische Nische	2
Jede Art hat vielfältige Angepasstheiten	3 Abb. 2

1

a) Das hierarchische System von Linné ist ein Ordnungssystem von Über- und untergeordneten Einheiten. Die Gliederungsstufen sind: Reich, Stamm, Klasse, Ordnung, Familie, Gattung und Art. Jedes Lebewesen kann so auf verschiedenen Gliederungsstufen einer Gruppe zugeordnet werden (hier am Beispiel der Amsel gezeigt):
Das Reich der Animalia beinhaltet alle Tiere. Sie lassen sich unterschiedlichen Stämmen zuordnen (z. B. Wirbeltiere, Gliederfüßer). Zum Stamm der Wirbeltiere gehören verschiedene Klassen: Säugetiere, Vögel, Reptilien, Amphibien und Fische. Innerhalb der Klasse der Vögel werden verschiedene Ordnungen verwandter Vogelarten unterschieden, u. a. gibt es die Ordnung der Sperlingsvögel. In dieser Ordnung ist eine Untergruppe, eine Familie, die der Drosseln. Zu den Drosseln gehören neben anderen Gattungen alle Arten der Gattung „echte Drossel" (lat. Turdus). Ein Vertreter dieser Gattung ist die Art Amsel. Der lateinische Artname der Amsel setzt sich aus zwei Worten zusammen, wobei der erste Name gleichzeitug die Gattung angibt: Turdus merula.
b) (zu dieser Aufgabe sind hier nur die wichtigsten Merkmale genannt)
Gemeinsame Merkmale der Klasse „Vögel": Federn, Vorderextremitäten zu Flügeln umgewandelt, beschalte Eier, Lungen, innere Befruchtung, gleichwarm
Gemeinsame Merkmale des Stamms „Wirbeltiere": Wirbelsäule, Innenskelett, Kopf, Rumpf, zwei Extremitätenpaare, komplexes Nervensystem mit Gehirn
Gemeinsame Merkmale des Reichs „Tiere": heterotroph (müssen organische Verbindungen mit der Nahrung aufnehmen), Aufbau aus charakteristischen tierischen Zellen (ohne Zellwand)

2

Wenn zwei Arten dieselbe ökologische Nische haben, treten sie in direkte Konkurrenz um Nahrung und Lebensraum. Mit der Zeit wird die Art mit den besseren Angepasstheiten sich gegenüber der anderen Art durchsetzen (erhöhter Fortpflanzungserfolg, natürliche Selektion) und die unterlegene Art stirbt aus.

3

z. B. 9) Filtrierer; muss nicht aktiv nach Nahrung suchen, fest im Boden verankert, kann sich evtl. zum Schutz vor Feinden in den Boden zurückziehen
1) groß, sucht am Meeresgrund nach Beutetieren, spitze Mundwerkzeuge, mit denen der Boden durchwühlt werden kann, evtl. auch zur Verteidigung, Kopf vermutlich mit Sinnesorganen
11) schnelle Fortbewegung im freien Wasser, filtriert dabei Nahrung aus dem Wasser, schnelle Fluchtmöglichkeit vor Fressfeinden
5) spitze Stacheln als Verteidigung gegen Fressfeinde, Fortbewegung mithilfe von Tentakeln/Beinen

5.3 Fossilien – Zeugen der Vergangenheit

Es gibt unterschiedliche Fossilien	Abb. 1,2

Vom lebenden Tier zum Fossil	2 3 Abb. 3

Mithilfe von Fossilien erhält man ein Bild vom Leben in der Vergangenheit	1 Abb. 1,2

1

a) Frosch: Abb. 2b; Begründung: Die äußere Gestalt des Fossils entspricht derjenigen des heutigen Frosches; man erkennt die verlängerten Hinterbeine (Sprungbeine), die kurzen Vorderbeine und den breiten, flachen Kopf mit den Augen auf der Oberseite.
Schildkröte: Abb. 2a; Begründung: Der erhalten gebliebene Panzer entspricht dem Panzer einer heutigen Schildkröte, ebenso die sichtbaren Reste des Beinskeletts.
Urpferdchen: Abb. 1; Begründung: Der Schädel des Fossils und das Gebiss sind pferdeähnlich; das Tier hat vier Laufbeine. Im Gegensatz zum heutigen Pferd besitzt das Tier eine Schwanzwirbelsäule.
Affenartiges Säugetier: Abb. 2c; Begründung: Das Fossil hat eine lange Schwanzwirbelsäule, d.h. das Tier hatte einen langen Schwanz. Das Gebiss zeigt kräftige Schneidezähne, mit denen das Tier die Borke der Bäume aufgerissen haben könnte. Das Handskelett hat verlängerte Fingerknochen; mit den langen Fingern suchte das Tier nach Larven unter der Borke.

b) Aussagen über die Nahrung fossiler Tiere lassen sich treffen durch Rückschlüsse aus dem versteinerten Skelett (z.B. Gebiss, Handskelett) oder durch eine genaue Untersuchung des versteinerten Mageninhaltes. Aussagen über das Verhalten fossiler Tiere werden ermöglicht durch Rückschlüsse aus dem Körperbau (z.B. Sprungbeine, Laufbeine) und durch Kenntnis der Nahrung.

2

Modellversuch	Entstehung von Fossilien
Gipsbrei unter dem Knochen	Schlamm am Seegrund
Hähnchenknochen	erhalten gebliebenes Skelett
Nachgießen von Gips	Ablagerungen am Seegrund, die das Skelett überdecken
Hartwerden des Gipses	Zusammenpressen der Ablagerungen zu Gestein
freigelegter Hähnchenknochen	Fossil
Trennen des Gipsblocks	Ausgraben des Fossils

3

d: Lebendiges Tier in der Vorzeit
b: Verwesendes Tier am Seegrund
e: Von dünner Schicht Ablagerungen bedecktes Skelett
a: In Gestein eingebettetes, versteinertes Skelett (Fossil)
c: Ausgegrabenes Fossil

5.4 Vom Wasser zum Land

Erdzeitalter des Devons	3 Abb. 1

Cheirolepis – Lungenfisch Anpassung an verschiedene Lebensräume	1 Abb. 1,2

Ichthyostega – Urvater der Amphibien	2 4 Abb. 3,4

1

	Cheirolepis	Lungenfisch	Ichthyostega
Lebensraum	Freies Wasser	flacher Uferbereich Übergangszone zwischen Wasser und Land	Wasser und Land
Atmung	Kiemen	Kiemen und Lungen	Lungen
Gliedmaßen	Flossen	Flossen in der Form von Stummelbeinen mit kräftigen Muskeln	Beine sowie ein Flossenschwanz
Fortbewegung	Schwimmen und schweben im Wasser	Schwimmen und schwerfällige Fortbewegung an Land	Laufen und schwerfälliges Schwimmen

2

	Ichthyostega	Salamander
Schultergürtel	lang, schmal und kantig	kurz, kräftig, abgerundet
Oberarmknochen	kantig, breit	an den Enden abgerundet, in der Mitte am schmalsten, glatt
Speiche	kurz, breit	länglich, an den Enden abgerundet und verdickt
Elle	kurz und kantig	länglich, an den Enden abgerundet und verdickt
Handknochen	verwachsen	nicht verwachsen

3

In der Uratmosphäre befand sich viel Kohlenstoffdioxid, das die Pflanzen nutzen konnten. Die Pflanzen wiederum setzten Sauerstoff frei, den die Tiere zum Leben nutzen konnten. Außerdem dienten die Pflanzen als Nahrung für Pflanzenfresser und diese waren die Nahrungsgrundlage der Fleischfresser.

4

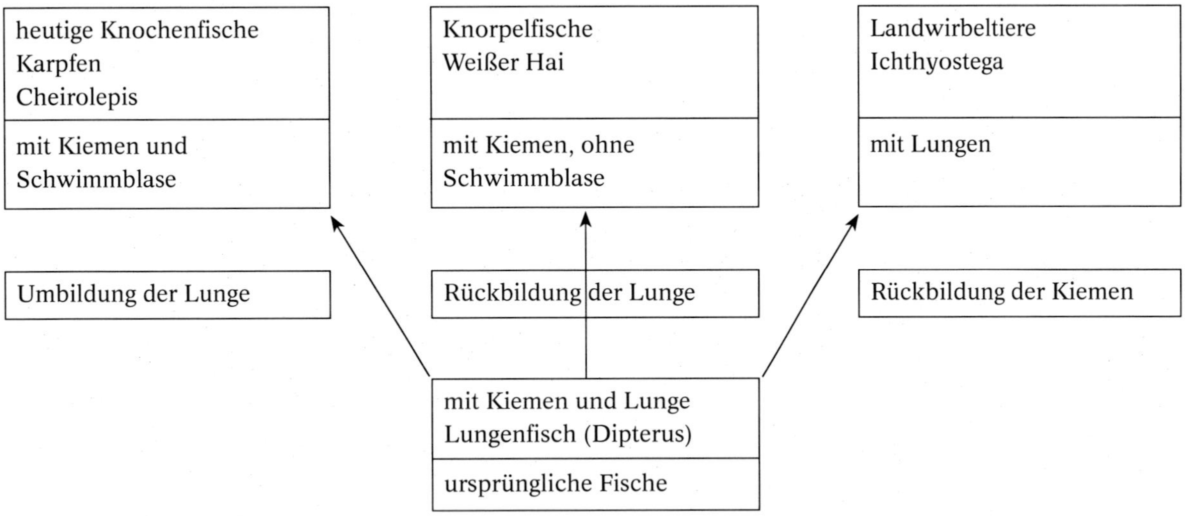

5.5 Das Zeitalter der Reptilien

Die Saurier, im Jura vorherrschende Wirbeltiere	**1** Abb. 1
Woher wissen wir, wie die Saurier aussahen?	**2** Abb. 3
Woher wissen wir etwas über die Lebensweise der Saurier?	**2** **3** Abb. 3,4

1

Leben	Vertreter der Saurier	Vertreter der Säugetiere	Vertreter der Vögel
an Land als Pflanzenfresser	Brachiosaurius Stegosaurus	z. B. Pferd	Strauß
an Land als Fleischfresser	Compsognatus Tyrannosaurus	z. B. Löwe	
im Wasser	Pleoneustes Stenopterygius	z. B. Wal	Pinguin
in der Luft	Pterodactylus	Fledermaus	z. B. Amsel

2

Durch Fossilfunde zu belegen sind alle durch das Skelett und den umgebenden Abdruck bestimmten Merkmale wie Größe, Körperform, Zähne, Flughäute. Nicht zu belegen sind Merkmale der Körperfläche wie Farbe und Beschaffenheit der Haut sowie das Verhalten (Beutefang, Flug).

3

Der Schädel zeigt im Oberkiefer keine Schneide- und Eckzähne. Der Unterkiefer hat nach vorne gerichtete Schneidezähne, danach sieht man eine Lücke. Im Ober- und Unterkiefer befinden sich Backenzähne ohne spitze Höcker, die zumindest im Unterkiefer in mehreren nebeneinander liegenden Reihen angeordnet sind und eine breite Mahlfläche bilden. Das Gebiss erinnert, mit Ausnahme der mehrreihigen Anordnung der Backenzähne, an das Pflanzenfressergebniss des Rindes. Analosaurus ist also ein Pflanzenfresser.

5.6 Archaeopteryx – ein Brückentier

Ein Fossil gibt Hinweise	Abb. 1
Einordnung des Fossils durch Skelettvergleich	**1** Abb. 3
Aussehen und Lebensweise von Archaeopteryx	**2** Abb. 2,5

1

Merkmal	Zwergdinosaurier	Archaeopteryx	Huhn
Kiefer	mit Zähnen	mit Zähnen	ohne Zähne
Hand	Finger mit Krallen	Finger mit Krallen	Finger ohne Krallen
Schultergürtel	kein Gabelbein	Gabelbein	Gabelbein
Brustkorb	Bauchrippen	Bauchrippen	Brustbein
Becken	Saurierbecken	Saurierbecken	Vogelbecken
Schwanzwirbelsäule	lang	lang	verkürzt
Mittelfußknochen	getrennte Knochen	teilweise getrennte Knochen	Laufbein
Federn	nicht vorhanden	vorhanden	vorhanden

2

a) Archaeopteryx klettert an Baumstämmen empor, stößt sich von da ab und nutzt die Flügel zum Gleitflug. Beim Herabgleiten fängt er Insekten.

b) Bei Rekonstruktion 1 entsteht der Flug aus dem Laufen und Hochhüpfen. Der Vogel flattert beim Hochhüpfen und daraus entwickelt sich das Fliegen. Bei Rekonstruktion 2 entwickelt sich der Flug aus dem Herabgleiten von Bäumen. Zum Gleiten kommt irgendwann das Schlagen mit den Flügeln, daraus entsteht das Fliegen.

c) Unterschiedliche Rekonstruktionen entstehen deshalb, weil Fossilien nie alle Einzelheiten eines Tieres zeigen und das Verhalten aus den erhaltenen Körpermerkmalen erschlossen werden muss.

5.7 Entwicklung der Wale

Vergleich: Wale sind Säugetiere	**1** Abb. 2
Vom Land zum Wasser: Angepasstheiten an das Leben im Wasser	**2** Abb. 1,3
Stammesgeschichte der Wale	**3** Abb. 1,3

1

	Karpfen	Wal	Pferd
Skelett	Vorderextremitäten zu Flossen umgewandelt, senkrechte Schwanzflosse	Hinterbeine zurückentwickelt, Vorderbeine flossenähnlich, stromlinienförmig, nur Reste des Beckenknochens vorhanden	starke Vorder- und Hinterbeine, Hufe, starker Beckenknochen
Fortbewegung	schwimmend	schwimmend (mithilfe der waagrechten Rückenflosse)	mit vier Beinen laufend
Haut	Schuppen	haarlose Haut, dicke Fettschicht	Haut mit Fell
Atmung	Kiemen	Lunge, müssen zum Atmen auftauchen	Lunge
Fortpflanzung	äußere Befruchtung	innere Befruchtung, lebendgebärend, säugen	innere Befruchtung, lebendgebärend, säugen
Lebensraum	Wasser (Süßwasser)	Wasser (Meer)	an Land

2

- Hinterbeine zurückentwickelt, waagrechte Schwanzflosse: schwimmende Fortbewegung im Wasser möglich durch Auf- und Abwärtsbewegungen der Schwanzflosse
- Beckenknochen zurückgebildet; werden bei schwimmender Fortbewegung nicht benötigt
- Vorderbeine umgebildet zu flossenähnlichen Gliedmaßen: dienen der schwimmende Fortbewegung im Wasser
- Nasenöffnung ist nach oben gewandert zur höchsten Stelle des Körpers; beim Auftauchen kann so leichter geatmet werden.
- Die glatte, haarlose Haut bietet im Wasser wenig Widerstand und die dicke Speckschicht isoliert gegen Wärmeverluste im kalten Wasser.
- Körper hat eine strömungsgünstige Form angenommen; bietet wenig Widerstand beim Schwimmen im Wasser
- Gute Ausnutzung des eingeatmeten Sauerstoffs: ermöglicht langes und tiefes Tauchen
- Kommunikation mit (sehr tiefen) Tönen: Schall breitet sich im Wasser sehr viel schneller als in Luft aus; tiefe Töne sind noch in sehr weiter Entfernung von Artgenossen hörbar.
- Geruchssinn und Sehsinn eher schwach: Geruchsmoleküle verteilen sich im Wasser langsam, Geruchssinn ist daher wenig hilfreich; Licht wird im Wasser absorbiert, im tiefen Wasser ist es dunkel.

3

B – Pakicetus: gleicht dem Skelett an Land lebender Säugetiere, vier Extremitäten zum Laufen, starker Beckenknochen

C – Ambolucetus: Zwischenform, Skelett lang gestreckt, Extremitäten leicht verkürzt, Beckenknochen noch vorhanden

D - Dorodon: Skelett gleicht fast dem heutiger Wale, Beckenknochen und Hinterbeine stark verkleinert, längliche strömungsgünstige Form, Vorderextremität noch nicht ganz flossenförmig

5.8 Stammbaum der Wirbeltiere

Merkmale der Wirbeltiere	3 Abb. 2,4
Klassen der Wirbeltiere und ihre Merkmale	2 3 4
Stammesgeschichtliche Entwicklung	1 Abb. 1
Stammbaum	1 Abb. 1

1

- Alle Wirbeltiergruppen sind aus einer gemeinsamen Urform, dem „Urfisch“ hervorgegangen.
- Fische gibt es seit ca. 430 Millionen Jahren.
- In den dann folgenden 100 Millionen Jahren war die Artenzahl in der Gruppe der Fische groß, ging dann zurück und blieb konstant bis heute.
- Aus frühen Fischformen entwickelten sich vor ca. 350 Millionen Jahren die ersten Amphibien.
- Auch bei den Amphibien nahm die Artenzahl zunächst stark zu, dann aber wieder ab und blieb seit ca. 200 Millionen Jahren konstant.
- Die ersten Reptilien entwickelten sich aus Amphibien und traten vor ca. 290 Millionen Jahren auf.
- Reptilien waren lange Zeit (in Jura und Trias) die größte Tiergruppe, in der Kreidezeit (vor ca. 100 Millionen Jahren) nahm die Artenzahl dann aber stark ab.
- Aus Reptilien entwickelten sich die Gruppe der Vögel (in der Kreide) und die der Säugetiere (in der Trias).
- Die Zahl der Vogelarten nahm dann kontinuierlich zu.
- Auch die Zahl der Säugetiere nahm in der Kreide stark zu.
- Heute sind die Säugetiere die artenreichste Gruppe der Wirbeltiere.

2

Wirbelsäule, Flossen, Kiemen, Beine, Federn, Hornschuppen, Milchdrüsen, Lunge, Haare

	F			B	E				H
	L				I		K		O
	O	S	S	E	N		I		R
				F	E	D	E	R	N
W	M	I	L	C	H		M		S
I					D		E		C
R					R		N		H
B	E	L	S	Ä	U	L	E		U
					E	U			P
H					S	N			P
A					E	G			E
A	R	E			N	E			N

3

1: Alle Wirbeltiere (Fische, Amphibien, Reptilien, Vögel und Säugetiere) haben eine Wirbelsäule, einen in Kopf und Rumpf gegliederten Körper und zwei Paar Gliedmaßen.

2: Amphibien, Reptilien, Vögel und Säugetiere haben die Merkmale, die in der Gruppe 1 gemeinsam sind, außerdem haben sie Gliedmaßen mit Zehen und atmen, zumindest als erwachsene Tiere, durch Lungen.

3: Reptilien, Vögel und Säugetiere haben alle Merkmale, die in den Gruppen 1 und 2 gemeinsam sind, außerdem ist bei ihnen die oberste Hautschicht verhornt.

4: Fische haben die Merkmale, die in der Gruppe 1 gemeinsam ist, außerdem haben sie Flossen und atmen durch Kiemen.

5: Amphibien besitzen neben den Merkmalen, die den Gruppen 1 und 2 gemeinsam sind, eine schleimige, nackte Haut.

6: Reptilien haben alle Merkmale, die in den Gruppen 1, 2 und 3 gemeinsam sind, außerdem haben sie Hornschuppen, aber keine Federn.

7: Vögel haben alle Merkmale, die in den Gruppen 1, 2 und 3 gemeinsam sind, außerdem haben sie Hornschuppen und Federn.

8: Säugetiere haben alle Merkmale, die in den Gruppen 1, 2 und 3 gemeinsam sind, außerdem haben sie Haare und säugen ihre Jungen nach der Geburt.

4

a)
Mensch: f
Taube: b
Wal: c
Maulwurf: d
Pferd: e
Fledermaus: a

b) Ähnlichkeiten aufgrund gleicher Abstammung, die Grundelemente sind bei allen gleich. Unterschiede, weil andere Funktion zur Umgestaltung führte.
Bsp.: Fledermaus: Fingerknochen stark verlängert, spannen die Flughaut auf.
Maulwurf: dicke, kräftige Handknochen, gut zum Graben geeignet.
Pferd: Fingerspitzen sind zu Huf umgebildet.

M Basiskonzepte zum Thema „Geschichte der Lebewesen"

Inhalte des Kapitels wiederholen – Basiskonzepte zuordnen **1**

Sachverhalt	Basiskonzepte
1	Geschichte und Verwandtschaft
2	Stoff- und Energieumwandlung
3	Geschichte und Verwandtschaft, Variabilität und Angepasstheit
4	Reproduktion, Geschichte und Verwandtschaft
5	Geschichte und Verwandtschaft
6	Variabilität und Angepasstheit
7	Variabilität und Angepasstheit, Geschichte und Verwandtschaft
8	Geschichte und Verwandtschaft, Variabilität und Angepasstheit
9	Geschichte und Verwandtschaft
10	Geschichte und Verwandtschaft, Variabilität und Angepasstheit
11	Geschichte und Verwandtschaft

Mit der richtigen Argumentation lassen sich eventuell weitere Basiskonzepte zuordnen.

6 Atmung

6.1 Eigenschaften und Zusammensetzung der Luft

Eigenschaften und Zusammensetzung der Luft, Steckbrief Luft	1 (2) Abb. 2
Stoffe bestehen aus kleinen Bausteinen Überprüfung	3 5 Abb. 1,6
Atemvolumen bestimmen	4 Abb. 4,5
Nachweis von Kohlenstoffdioxid	6 Abb. 7

1

Umgibt die Erdoberfläche. Ist für Menschen und andere Lebewesen lebensnotwendig.
Gemisch aus Gasen, v. a. Stickstoff und Sauerstoff, wenig Kohlenstoffdioxid u. a. Farb-, geruchs- und geschmacklos.
Hat Masse und übt Gewichtskraft aus (= Luftdruck).

2

siehe Abb. 4, Aufgabe 4b

3

Atom: Atome sind die kleinsten Bausteine, aus denen alle Stoffe zusammengesetzt sind (z. B. ein Atom Sauerstoff).
Element: Ein Element ist ein Stoff, den man chemisch nicht mehr in andere Stoffe zerlegen kann (z. B. O, C).
Molekül: Ein Molekül ist aus zwei oder mehreren Atomen der gleichen oder unterschiedlicher Elemente zusammengesetzt (z. B. O_2, CO_2).

4

a) Neugeborene:
Pro Min.: 900 ml = 900 cm^3 = 0,9 dm^3 = 0,0009 m^3
Pro Std.: 5400 ml = 5400 cm^3 = 5,4 dm^3 = 0,0054 m^3
Kinder 2–3 Jahre:
Pro Min.: 2928 ml = 2928 cm^3 = 2,928 dm^3 = 0,002928 m^3
Pro Std.: 175680 ml = 175680 cm^3 = 175,680 dm^3 = 0,175680 m^3
Jungen, 12 Jahre:
Pro Min.: 4880 ml = 4880 cm^3 = 4,880 dm^3 = 0,004880 m^3
Pro Std.: 292800 ml = 292800 cm^3 = 292,800 dm^3 = 0,292800 m^3
Mädchen, 12 Jahre:
Pro Min.: 4624 ml = 4624 cm^3 = 4,624 dm^3 = 0,004624 m^3
Pro Std.: 277440 ml = 277440 cm^3 = 277,440 dm^3 = 0,277440 m^3

b) Eine Wanne wird mit Wasser gefüllt. Ein unten offenes Gefäß, auch mit Wasser gefüllt, wird so in die Wanne gestellt, dass das Wasser nicht ausläuft. Mit einem Gummischlauch, der in das Gefäß führt, wird nun Luft hineingeblasen. Die Luft verdrängt Wasser aus dem Gefäß und der Wasserspiegel im Gefäß sinkt. So kann man messen, dass Luft Raum einnimmt und wieviel.

5

Luft ist ein Gasgemisch aus verschiedenen Stoffen:
- vielen Stickstoff-Molekülen, die je aus zwei Atomen Stickstoff (grün) bestehen (N_2)
- etwas weniger Sauerstoff-Molekülen, die je aus zwei Atomen Sauerstoff (rot) bestehen (O_2) und
- sehr wenigen Kohlenstoffdioxid-Molekülen, die aus einem Atom Kohlenstoff (schwarz) und zwei Atomen Sauerstoff (rot) bestehen (CO_2)

6

a)
–

b) Luft in ein Gefäß mit Kalklauge pumpen – es tritt keine oder sehr wenig Trübung auf.
Durch einen Schlauch Atemluft in ein Gefäß blasen – es tritt Trübung auf, weil die Ausatmungsluft mehr Kohlenstoffdioxid enthält.

6.2 Wie wir ein- und ausatmen

Weg der Einatmungsluft	1 Abb. 1
Ein- und Ausatmen, Atmungsmuskulatur	2 Abb. 2
Modelle zum Ein- und Ausatmen	3 Abb. 3
Atmen und Sprechen	4 Abb. 4

1

Nase → Nasenhöhle → Rachen → Luftröhre → Bronchien des rechten und linken Lungenflügels → Lungenbläschen

2

Einatmen: Das Zwerchfell flacht sich ab, sodass sich der Brustraum erweitert, außerdem ziehen sich die Zwischenrippenmuskeln zusammen und heben die Rippen an. Durch die Erweiterung des Brustraums strömt Luft in die Lunge.

Ausatmen: Zwerchfell und Zwischenrippenmuskulatur entspannen sich, der Brustraum verkleinert sich und Luft strömt aus.

3

c) entspricht der Abflachung des Zwerchfells beim Einatmungsvorgang, wodurch Luft in die Lunge ‚gesaugt' wird und diese sich weitet.
d) entspricht dem Vorgang beim Ausatmen, bei dem sich das Zwerchfell entspannt und Luft aus der Lunge ausströmt.
e) entspricht dem Anheben der Rippen durch die Zwischenrippenmuskulatur beim Einatmen. Dadurch vergrößert sich der Brustraum und Luft strömt ein.
f) entspricht dem Absenken der Rippen durch Entspannung der Zwischenrippenmuskulatur beim Ausatmen, Luft strömt aus.
Anmerkung: Ausatmen ist ein passiver Vorgang und nicht wie beim Zusammendrücken des Blasebalgs mit Kraftaufwand verbunden.

4

Beschreibung: siehe Abb. 4
Beobachtung: Einatmen vor dem Sprechen (=Ausatmen), Pausen zum Luftholen, z. B. zwischen Sätzen

6.3 Gasaustausch in der Lunge

Sauerstoffbedarf bei verschiedenen Tätigkeiten	1 5 Abb. 1,4
Gasaustausch in den Lungenbläschen Große Atmungsoberfläche	2 7 Abb. 2,6
Kohlenstoffdioxid in der Ein- und Ausatmungsluft (Exp.)	3
Vergleich von Ein- und Ausatmungsluft	4 Abb. 3
Kohlenstoffdioxid im Klassenraum	6 Abb. 5

1

a: Schwimmer, der nach Luft schnappt; b: Junge, der beim Hausaufgaben machen gähnt.
Der Schwimmer benötigt viel Sauerstoff, zwischen den Schwimmzügen holt er tief Luft. Der Junge wird beim Hausaufgaben machen müde, auch er braucht mehr

Sauerstoff. Beim Gähnen holt man Luft, es kann ein Zeichen von Mangel an Sauerstoff sein.

2

Die Wand der Lungenbläschen ist sehr dünn und umgeben von feinen Lungenkapillaren, durch die Blut fließt. Die eingeatmete Luft enthält viel Sauerstoff, das ankommende Blut wenig. Dieser Unterschied bewirkt, dass in den Lungenbläschen der Sauerstoff aus der Atemluft durch die Wand des Lungenbläschens in das Blut übertritt. Gleichzeitig wird Kohlenstoffdioxid, das im Blut viel vorhanden ist, an die Luft abgegeben. Es findet also ein Gasaustausch statt.

3

Abschnitt: Eigenschaften und Zusammensetzung der Luft, Aufgabe 6

4

In der Einatmungsluft sind 78% Stickstoff, 21% Sauerstoff, 0,09% Kohlenstoffdioxid und 1% andere Gase vorhanden. In der Ausatmungsluft ist der Stickstoffanteil und der Anteil anderer Gase gleich, aber der Sauerstoffanteil ist auf 17% gesunken und der Kohlenstoffdioxidgehalt auf 4% gestiegen. Dies kommt daher, dass in der Lunge der Luft Sauerstoff entzogen und in das Blut aufgenommen wird und Kohlenstoffdioxid aus dem Blut in die Luft abgegeben wird.

5

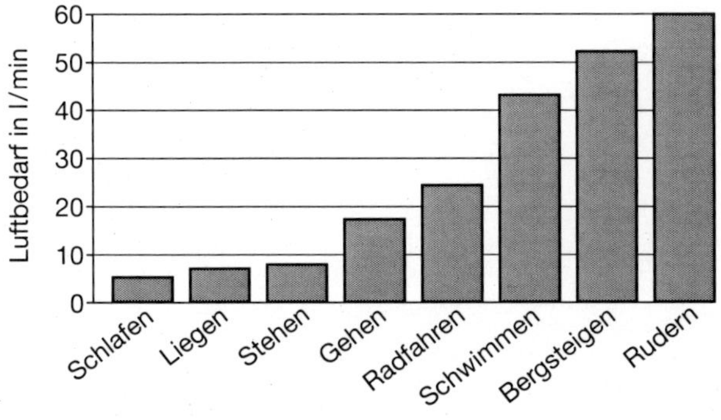

Beim Schlafen ist der Luftbedarf am niedrigsten (5 l/Min), auch beim Liegen und Stehen ist er noch sehr gering (<10 l/Min). Wenn man sich bewegt, steigt der Luftbedarf: beim Gehen liegt er bei 17 l/Min. Wenn man Sport macht, steigt der Luftbedarf weiter an, dabei braucht man beim Radfahren relativ wenig Luft (24 l/Min) und beim Rudern am meisten (60 l/Min). Schwimmen (43 l/Min) und Bergsteigen (52 l/Min) liegen dazwischen.

In Ruhe benötigt man wenig Luft, weil man wenig Energie braucht und deshalb der Sauerstoffbedarf niedrig ist. Bei körperlicher Anstrengung steigt der Energie- und damit Luftbedarf. Beim Bergsteigen kommt hinzu, dass in großer Höhe die Luft „dünn" wird und pro Liter weniger Sauerstoff enthält.

6

Früh am morgen ist der Kohlenstoffdioxidgehalt im Klassenzimmer niedrig (<0,1%). Nachdem die Schule begonnen und viele SchülerInnen im Klassenraum atmen, steigt der CO_2-Gehalt deutlich an, weil die Ausatmungsluft viel CO_2 enthält. Während der 1. großen Pause ist der Raum leer und frische, CO_2-arme Luft kommt hinein, sodass der CO_2-Gehalt wieder etwas sinkt, allerdings nicht bis auf den Ursprungswert. Während der nächsten Schulstunden steigt der Kohlenstoffdioxidgehalt wieder an, weil im Raum geatmet wird und in der nächsten Pause kommt es zu einem erneuten Abfall der CO_2-Konzentration (aus obigem Grund). In den letzten Schulstunden ist der Kohlenstoffdioxidgehalt im Klassenzimmer sehr hoch (max.: fast 0,7%) und erst nach Schulschluss, wenn keiner mehr im Raum atmet, sinkt er wieder auf die ursprüngliche Konzentration.

Um solche hohen CO_2-Konzentrationen (und gleichzeitig ja niedrige Sauerstoffkonzentrationen) zu verhindern, sollte man regelmäßig auch zwischen den großen Pause lüften.

7

- Eine große Oberfläche der Lungenbläschen hat den Vorteil, dass viele Moleküle Sauerstoff gleichzeitig an verschiedenen Stellen aus der Lunge in das Blut übertreten können (und genauso CO_2 aus dem Blut in die Luft abgegeben wird). Der Gasaustausch pro Zeit ist hoch.
- Am Hamburger Hafen werden auch Stoffe ausgetauscht, ein- und ausgeladen. Auch hier ist die Menge, die an einem Ort in einer bestimmten Zeit ausgetauscht werden kann, begrenzt. Deshalb wird die Fläche erhöht und der Hafen ist so groß.

6.4 Rauchen

Positive Effekte eines Rauchstopps	Abb. 4

Auswirkungen der Inhaltstoffe des Zigarettenrauchs auf den Körper – Selbstreinigungssystem der Lunge – Hauttemperatur – Nikotin als Droge – Sauerstofftransport	1 Abb. 1–3,5,7 Grundwissentext

Chronische Bronchitis als Beispiel einer Folgeerscheinung des Rauchens	3 Abb. 5,6

Aufforderung zum Rauchstopp an die Mitmenschen/-schüler	2

1

Vor dem Rauchen hat ein großer Teil der Hand eine Temperatur von 32 – 33 °C, wobei der Bereich der Handfläche in der Nähe des Daumens mit 33 °C wärmer ist als die restliche Hand. Nur der Bereich der Fingernägel zeigt Temperaturen von 34 °C. Nach dem Rauchen sinkt die Temperatur in den Fingern auf 28 – 29 °C und im Bereich der Handflächen und Fingernägel auf 32 °C.

Das im Zigarettenrauch enthaltene Nikotin verengt die Blutgefäße, so dass weniger Blut in die Hand und die Finger transportiert wird. Die Temperatur sinkt.

2

–

3

Teerstoffe des Zigarettenrauchs verkleben die Flimmerhärchen der Bronchialschleimhaut

↓

Einschränkung des Abtransports des Schleims durch die Flimmerhärchen, im Schleim vermehren sich Bakterien

↓

Entzündungsraktion der Schleimhaut: erhöhte Schleimproduktion durch die schleimproduzierende Zelle und Anschwellen der Schleimhaut und Verkrampfung der Bronchialmuskulatur

↓

Abnahme des Querschnittes der Bronchie

↓

Atemnot, schleimiger Auswurf mit Eiter

M Modelle: Körpergröße, Sauerstoffbedarf und Wärmehaushalt

1

a)

A (cm)	10	9	8	7	6	5	4	3	2	1
A_0 (cm^2)	600	486	384	294	216	150	96	54	24	6
V (cm^3)	1000	729	512	343	216	125	64	27	8	1
A_0 : V	0,6 : 1	0,67 : 1	0,75 : 1	0,86 : 1	1 : 1	1.2 : 1	1.5 : 1	2 : 1	3 : 1	6 : 1

b) Im Modell zum Wärmehaushalt entspricht der Elefant einem Würfel mit großer Kantenlänge, die Maus einem Würfel mit kleiner Kantenlänge. Der Wärme abgebenden Körperoberfläche entspricht im Modell die Oberfläche A_0, dem Wärme bildenden Körpervolumen entspricht das Würfelvolumen V. Setzt man diese beiden Größen zueinander in Beziehung (A_0:V), so zeigt sich in der Tabelle, dass ein großer Würfel relativ zum Volumen eine geringe Oberfläche hat, ein kleiner Würfel dagegen relativ zum Volumen eine große Oberfläche. Übertragen auf den Wärmehaushalt von Maus und Elefant bedeutet dies, dass der Elefant zwar viel mehr Wärme verliert, die er unter Sauerstoffbedarf durch die Zellatmung ersetzen muss, seine Wärme bildende Körpermasse (Volumen) aber auch viel größer ist und relativ hierzu der Wärmeverlust über die Oberfläche gering ist. Die Maus dagegen verliert relativ zur Körpermasse (Volumen) sehr viel Wärme über ihre Oberfläche und hat daher, um durch Zellatmung Wärmeverluste zu ersetzen, einen hohen relativen Sauerstoffbedarf.

c) Der Elefant hat relativ zu seinem großen Körpervolumen, das Wärme bildet, eine kleine Körperoberfläche, über die Wärme abgegeben wird. Sein relativer Sauerstoffbedarf ist daher klein. Die Maus hat relativ zu ihrem kleinen Körpervolumen, das Wärme bildet, eine große Körperoberfläche, über die Wärme abgegeben wird. Ihr relativer Sauerstoffbedarf ist daher groß.

2

Eigenschaften, die Original und Modell gemeinsam haben: Größe, Oberfläche, Volumen
Eigenschaften des Originals „Elefant“, die für die Modellbildung unwesentlich sind: z. B. hat vier Beine, hat Stoßzähne, Rüssel, Sinnesorgane, Pflanzenfresser, Tageszeit, Geschlecht, graue Farbe der Hautoberfläche, ausgewachsen, lebt in Afrika/Indien.

3

Säugetier	Masse in g	O_2-Bedarf in ml O_2 pro Stunde	O_2-Bedarf in ml O_2 pro g Körpermasse und Stunde	Herzfrequenz
Maus	22	36	1,64	600
Meerschwein	900	605	0,67	280
Zwergziege	7000	2710	0,39	158
Orang-Utan	54000	12105	0,22	106
Mensch	76000	15980	0,21	72
Löwe	155000	26490	0,17	50
Pferd	500000	65100	0,13	44
Elefant	3833000	268000	0,07	26

Je größer die Masse eines Säugetiers ist, umso größer ist sein absoluter Sauerstoffbedarf (in ml pro Stunde), da viele Körperzellen versorgt werden müssen und viel Wärme über die Haut verloren geht. Relativ zur Körpermasse nimmt der Sauerstoffbedarf aber mit zunehmender Größe des Tieres ab, da das Verhältnis von Körperoberfläche (Wärme abgebend, entspricht im Modell aus Abb. 2 der Oberfläche A_0) zu Körpervolumen (Wärme bildend, entspricht im Modell aus Abb. 2 dem Volumen V) immer kleiner wird (Verhältnis in Abb. 2: A_0:V). Verbunden mit dem relativen Sauerstoffbedarf pro g Körpermasse ist auch die Herzfrequenz bei großen Tieren niedrig und bei kleinen Tieren hoch. Eine hohe Herzfrequenz ist dann notwendig, wenn Sauerstoff und Nährstoffe sehr schnell über das Blut zu den Körperzellen, in denen die Zellatmung stattfindet, transportiert werden müssen.

7 Ernährung und Verdauung

7.1 Ernährung im Wandel

Nahrung versorgt uns mit Nährstoffen, Mineralsalzen, Vitaminen und Wasser	Abb. 2
Bedeutung der Nahrungsbestandteile	3 Abb. 6 (3)
Faktoren, die unser Essverhalten beeinflussen	1 4 Abb. 1,4
Ernährung früher und heute	3 5 Abb. 3

1

Der Mensch benötigt verschiedene Stoffe, um seine Körperfunktionen aufrecht zu erhalten. Hierbei handelt es sich um die Nährstoffe Kohlenhydrate, Fette und Eiweiße sowie um Mineralsalze, Spurenelemente, Vitamine und Wasser. Die Stoffe haben verschiedene Bedeutungen im Körper: Kohlenhydrate, Fette und Eiweiße dienen als Energiequellen; Eiweiße, Mineralsalze, Spurenelemente und Vitamine benötigt der Mensch für Wachstum und Entwicklung von Geweben. Für die Regulation von Stoffwechselvorgängen werden Eiweiße, Vitamine und Wasser benötigt.

2

Abbildung 1 zeigt eine Familie beim Grillen. Sie essen und lachen gemeinsam und haben Spaß miteinander. In der dargestellten Situation wird deutlich, dass Essen nicht nur Nahrungsaufnahme ist, sondern auch soziale Aspekte hat, zum Beispiel Menschen gesellig verbindet.

3

a) Die Ernährungsregeln heute sind das Gegenteil der Ernährungsregeln zur Zeit der Frühmenschen. Früher stand Nahrung nicht in der Menge zur Verfügung, wie es heute der Fall ist. Die Frühmenschen mussten daher, wenn sie Nahrung fanden, möglichst viel und fettreich essen, um ihren Energiebedarf zu decken. Heute hat sich das Tätigkeitsfeld der meisten Menschen sehr verändert. Durch viele „geistige" und weniger „körperliche" Beanspruchung des Körpers braucht man nicht so viel und nicht so fettreiches Essen. Außerdem muss der „Energieüberschuss" durch viel energiereiche Nahrung durch Bewegung wieder ausgeglichen werden.
b) Der Vergleich in Teilaufgabe a belegt dies. Weitere Beispiele sind: Hochleistungssportler mit erhöhtem Nährstoffbedarf, Menschen unterschiedlichen Alters, Menschen mit Erkrankungen (zum Beispiel Diabetes).

4

Umwelt: Je nach den klimatischen Bedingungen isst man wenig und trinkt zum Beispiel mehr (z. B. an heißen Tagen im Sommer).
Geographie, soziale Herkunft: An unterschiedlichen Orten oder in unterschiedlichen Bevölkerungsschichten hat das Essen unterschiedliche Bedeutungen.
Klasse, Schicht-, Bezugsgruppe: Man lässt sich durch Mitschüler und Werbung beeinflussen.
Familie: Bei vielen Familien wird nicht immer zusammen gegessen; das ist zeitlich nicht immer möglich.
Gesellschaft: Dinge, die „in" sind, beeinflussen ebenfalls die Wahl der Nahrung, weil man „dazu gehören" möchte.
Kultur: Die Erziehung prägt ebenfalls das Essverhalten.
Schule: Nur wer genügend Wissen über Ernährung hat kann eine „gesunde" Auswahl treffen.
Religion: Nicht alle Speisen (zum Beispiel bestimmte Fleischsorten) sind in allen Religionen erlaubt.
Technologie: Mit technischer Hilfe (z. B. Küchengeräte) können Speisen zubereitet werden, die ohne nicht oder nur schwer zuzubereiten wären.
Nahrungsmittel: Speisen, die einem schmecken, nimmt man öfter und in größerer Menge zu sich.
Beruf: Menschen, die viel „geistig" arbeiten, benötigen weniger energiereiche Nahrung als Menschen mit „körperlicher" Arbeit.
Status: Ein Säugling benötigt andere Nahrung als ein Erwachsener.
Stoffwechsel: Wenn man Hunger hat, isst man etwas.
Vererbung: Es gibt Menschen, die vererbungsbedingt einen höheren Nährstoffbedarf haben.

Seele, Körper: Psychische Probleme können ein Störung im Essverhalten hervorrufen (z. B. Magersucht). Ein an Diabetes erkrankter Mensch muss/sollte eine bestimmte Diät einhalten.

5

Durch zu energiereiche Nahrung und zu wenig Bewegung im Vergleich zum benötigten Energiebedarf ist ein Überschuss da, der auf Dauer zum Übergewicht führt.

7.2 Gesunde Ernährung, aber wie?

Was ist gesunde Ernährung?	Abb. 1
Lässt sich gesunde Ernährung im Alltag realisieren?	**1** Abb. 3,4
Ernährung und Übergewicht	**2** Abb. 2
Lebensmittel und Werbung	**3** Abb. 5

1

a)

Nahrung	Deutsche Gesellschaft für Ernährung	Ernährungspyramide
Wasser	relativ viel	keine Aussage
Milchprodukte	wenig	wenig
Fisch/Fleisch/Eier	wenig, keine Unterscheidung der Sorten	wenig; wenig rotes Fleisch, mehr Geflügel, Eier und Fisch
Nüsse/Hülsenfrüchte	keine Aussage	recht viel
Gemüse/Obst	reichlich Gemüse und Obst, mehr Gemüse	reichlich Gemüse und Obst zu gleichen Teilen
Pflanzenöle	keine Aussage über pflanzliche Öle; nur wenig ungesättigte Fette	zu den meisten Mahlzeiten Pflanzenöle
Vollkornprodukte	relativ viel	viel
Bewegung	keine Aussage	sehr viel

b) individuelle Antwort

c) Das Diagramm zeigt, dass recht viele Menschen wissen, was gesunde Ernährung ist, jedoch setzen selbst diese Menschen nur einen Teil ihres Wissens in die Realität um. Gründe sind vermutlich: mangelnde Zeit, Bequemlichkeit, zu wenig Geld, örtlich begrenzte Möglichkeiten, fehlende Geselligkeit

2

Person	BMI
Angelina Jolie	19,7
Heidi Klum	17,0
Michael Ballack	22,4
Ralf Möller	33,5

Anhand der Tabelle erkennt man, dass Heidi Klum Untergewicht und Ralf Möller Übergewicht hat. Angelina Jolie und Michael Ballack liegen im Normbereich. Der BMI spiegelt ihren Tätigkeitsbereich wieder. Als Modell muss man „dünn" sein; als „Mister Universum" braucht man deutlich mehr Körpermasse (in Relation zur Größe). Gleichzeitig zeigen diese Ergebnisse, dass ein muskulöser Mensch einen hohen BMI erreichen kann, ohne Fett anzusetzen. Der BMI-Wert muss also individuell beurteilt werden.

3

a) Es zeigt sich, dass vor allem für Lebensmittel geworben wird, die nur wenig konsumiert werden sollen, etwa für alkoholische Getränke oder Süßigkeiten.
b) Die Ergebnisse sollten der Abbildung 5 ähneln.

7.3 Nahrung versorgt den Körper mit Energie

Tätigkeiten und Energiebedarf	Abb. 1,2
Energie, Grundumsatz, Leistungsumsatz	1 Abb. 2
Energie in Nahrungsmitteln	2 3 Abb. 4,5
Essen und Leben früher und heute	4 Abb. 6

1

a) mögliche Definition: Unter Energie versteht man die Fähigkeit, Arbeit zu leisten.
b) *Grundumsatz:* die Energie, die bei völliger Ruhe des Körpers benötigt wird
Leistungsumsatz: den bei Tätigkeiten über den Grundumsatz hinausgehenden Energiebedarf
Nach Abbildung 1 liegt der Grundumsatz bei 8400 Kilojoule pro Tag.

Tätigkeit	Leistungsumsatz pro Tag in kJ
ruhiges Stehen	10080
Gehen, 3 km/h	24000
Gehen, 8 km/h	50400
Schwimmen, 0,6 km /h	21120
Schwimmen, 4,2 km/h	60000
Radfahren, 9 km/h	21120
Radfahren, 30 km/h	74400
Laufen, 11 km/h	52800
Laufen, 19 km/h	98400
Büroarbeit	9120–11280

Die Unterschiede kommen durch die verschiedenen Tätigkeiten zustande. Schnelleres Radfahren, Laufen, ... benötigt mehr Energie als bei geringerem Tempo. Der Leistungsumsatz der Bürotätigkeit ist vergleichsweise niedrig; Ursache ist, dass es sich hierbei um eine eher „geistige" Arbeit handelt, die einen geringen Energieverbrauch mit sich bringt.

2

a)

Nahrungsmittel (100 g)	Energiegehalt aus Fett in kJ	Energiegehalt aus Kohlenhydraten in kJ	Energiegehalt, gesamt in kJ
Joghurt	144,3	78,2	222,5
Käse	1158,3	–	1158,3
1 Ei	241,8	6,8	248,6
Butter	3244,8	11,9	3256,7
Schweinefleisch	741	–	741
Mettwurst	1755	–	1755
Huhn	35,1	–	35,1
Fischstäbchen	156	170	326
Haferflocken	288,6	1128,8	1417,4
Reis	85,8	1281,8	1367,6
Nudeln	108,42	1222,3	1330,72
Roggenbrot, 2 Scheiben	39	875,5	914,5
Kartoffeln	7,8	147,9	155,7

b) Nein, er kann seinen täglichen Energiebedarf nicht decken. Der Energiegehalt beträgt insgesamt 6551,7 Kilojoule; es entsteht ein Defizit von 5998,3 Kilojoule.
4 Scheiben Roggenbrot → 1829 kJ
50 Gramm Käse → 579,15 kJ
50 Gramm Mettwurst → 877,5 kJ
50 Gramm Butter → 1628,35 kJ
100 Gramm Kartoffeln → 155,7 kJ
200 Gramm Schweinefleisch → 1482 kJ

c) 300 Gramm Nudeln ergeben einen Energiegehalt von 3992,16 Kilojoule. Damit könnte die Person ungefähr vier (3 km/h) beziehungsweise ungefähr zwei Stunden (8 km/h) gehen oder ungefähr zwei (11 km/h) beziehungsweise ungefähr eine Stunde (19 km/h) laufen.

3

	35 g Kohlenhydrate · 17 kJ/g	=	595 kJ
+	27 g Fett · 39 kJ/g	=	1053 kJ
	Gesamtsumme	=	1648 kJ

Energiegehalt des Hamburgers: 1648 Kilojoule (595 Kilojoule aus den Kohlenhydraten und 1053 Kilojoule aus dem Fett)
Ein 15-jähriges Mädchen hat einen Energiebedarf von 9620 Kilojoule. Der Hamburger deckt ungefähr 17 Prozent ihres täglichen Energiebedarfs.

4

a) Jäger und Sammler
- viel Bewegung
- Nahrung mit geringen Energiegehalt
- Nahrung enthält insgesamt durchschnittlich viel Energie
- Eiweißbedarf wird v. a. aus tierischem Eiweiß gedeckt
- Nahrung enthält viele Ballaststoffe
- Nahrung enthält kaum Fett

Moderner Mensch
- wenig Bewegung
- Nahrung mit hohem Energiegehalt
- Nahrung enthält insgesamt viel Energie
- Eiweißbedarf wird aus tierischem Eiweiß und pflanzlichem Eiweiß gedeckt
- Nahrung enthält wenig Ballaststoffe
- Nahrung enthält viel Fett

b) Jäger und Sammler mussten ihre Nahrung aktiv suchen bzw. erbeuten
- Moderne Lebensmittel sind häufig verarbeitet und daher ballaststoffarm aber dafür nährstoffreich.
- Nahrung ist in den Industrienationen im Überfluss verfügbar.

– Heute stammt Nahrung aus Ackerbau und Viehwirtschaft, Jäger und Sammler kannten noch keinen Ackerbau und konnten deshalb weniger pflanzliche Eiweiße zu sich nehmen.
– Landwirtschaftlich erzeugtes Fleisch ist fetter als Wild, es werden Pflanzen mit hohem Fettgehalt angebaut.

c) Eskimos brauchen sehr viel Energie, um ihre Körpertemperatur konstant zu halten. Fett hat den höchsten Energiegehalt (39 Kilojoule pro Gramm; Kohlenhydrate 17 Kilojoule pro Gramm); daher ist eine fettreiche Ernährung sehr sinnvoll.

M Versuche durchführen

–

7.4 Wirkung von Enzymen

Funktion der Enzyme als Biokatalysatoren	
Amylase spaltet Amylose	Abb. 1
Ablauf einer enzymkatalysierten Reaktion	1 Abb. 2
Substratspezifität von Enzymen – Das Schlüssel-Schloss-Prinzip	2 3 Abb. 2–4

1

a) Herstellung eines Pappmodells mit geeigneten Formen, siehe Abb. 2.

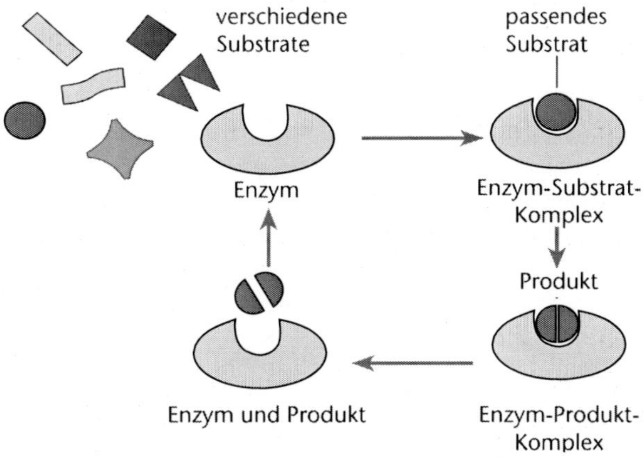

b) Veranschaulicht werden können
– Die Substratspezifität des Enzyms durch entsprechende Formen von Substrat und Enzym
– Die Bildung des Enzym-Substrat-Komplexes durch Verknüpfung von Enzym und Substrat

2

a) Beobachtung: Der Agar in den Petrischalen 2, 4, 6 ist trübe. In der Mitte der Petrischale 4 ist ein klarer Bereich entstanden.

Der Agar in den Petrischalen 1, 3, 5 ist dunkel gefärbt. In der Mitte der Petrischale 1 ist ein heller Fleck entstanden.

Deutung: Pepsin ist ein Enzym, das Eiweiße wie Albumin spalten kann. Dadurch entsteht in Petrischale 4 ein klarer Bereich. Speichel enthält keine Enzyme, die Eiweiße spalten. Deshalb tritt bei Petrischale 3 keine Veränderung ein.

Speichel enthält Amylase. Das Enzym spaltet Stärke. An den Stellen, an denen Amylase in Petrischale 1 wirkt, kann sich der blaue Iod-Stärke-Komplex nicht bilden. Der Agar wird farblos. Amylase kann aber Albumiun nicht spalten. Deshalb tritt in Petrischale 2 keine Veränderung auf.

b) Pepsin ist ein Enzym, das Eiweiße wie Albumin spalten kann.

c) Die Petrischalen 5 und 6 dienen der Kontrolle. Dadurch wird bewiesen, dass die in den anderen Petrischalen beobachteten Veränderungen tatsächlich auf die zugesetzten Stoffe zurück zu führen sind.

3

a) In Versuch a wird Stärke mit Wasser durch Filterpapier gegossen. Das Filtrat enthält nur Wasser, die Stärke ist im Filterpapier verblieben. In Versuch b wird Maltose mit Wasser durch den Filter gegossen. Im Filtrat ist Wasser und Maltose enthalten. Im Versuch c wird wie in a Stärke mit Wasser gemischt, aber zusätzlich wird Speichel hinzu gegeben.

b) In Versuch c ist zu erwarten, dass das Filtrat Wasser mit Maltose (und evtl. Speichelreste) enthält. Der Speichel enthält das Enzym Amylase, das Stärke in Maltose umwandelt; Maltose ist in Wasser löslich und wird nicht vom Filterpapier aufgefangen (siehe Versuch b). Evtl. ist nicht die ganze Stärke durch die Amylase in Maltose umgewandelt worden und es findet sich ein kleiner Rest Stärke im Filterpapier.

c) Stärke kann mit Iod-Kalium-Iodid-Lösung nachgewiesen werden. Vor dem Filtern ist in der Lösung Stärke vorhanden (Blaufärbung), nach dem Filtern ist keine Stärke vorhanden (keine Färbung). Stärkereste im Filterpapier können so ebenfalls erkannt werden. Die Maltose im Filtrat kann mithilfe der Fehling-Probe nachgewiesen werden. Hierzu wird das Filtrat mit Fehling-Lösung versetzt und erhitzt. Wenn Maltose in der Lösung vorhanden ist, zeigt sich ein ziegelroter Niederschlag.

7.5 Verdauung im Überblick

Abbau von Nährstoffen	**1** Abb. 5
Übersicht über Verdauungsvorgänge	**2** Abb. 4,5
Oberflächenvergrößerung des Dünndarms	Abb. 1
Resorption im Dünndarm	**3** Abb. 3

1

	Verdauungsorgan	Verdauungsvorgang
1	Speiseröhre	Abbau von Kohlenhydraten
2	Magen	Abtötung von Bakterien, Aufquellen von Proteinen, Aktivierung von Pepsinogen
3	Leber	(nicht im Text erläutert) produziert Gallenflüssigkeit, Stoffwechselregulation, Entgiftung, Glycogen-Speicherung
4	Gallenblase	Abgabe von Enzymen
5	Bauchspeicheldrüse	Abgabe von Enzymen
6	Zwölffingerdarm	Abbau der Nährstoffe in ihre Bestandteile
7	Dünndarm	Resorption der Nährstoffe
8	Dickdarm	Entzug von Wasser

2

a) Kohlenhydrate werden im Mund durch die Amylase in kleinere Bausteine zersetzt und erst im Dünndarm in die einzelnen Zucker-Bestandteile zerlegt.
Eiweiße werden erst im Magen durch Pepsin in größere Stücke gespalten; auch hier werden sie erst im Dünndarm durch Trypsin und Chymotrypsin in Aminosäuren zerlegt.
Fette werden erst im Dünndarm durch Lipasen in ihre Bestandteile Glycerin und Fettsäuren zerlegt.
b) Ein passiver Transportvorgang benötigt keine Energie; er folgt dem Konzentrationsgefälle des jeweiligen Stoffes.
Ein aktiver Transportvorgang benötigt Energie; er kann gegen ein Konzentrationsgefälle erfolgen.

3

Die Lösung im rechten Becher ist stärker gefärbt als die Lösung im linken Becher. Ursache ist die Oberflächenvergrößerung durch das gefaltete Filterpapier. Dadurch kann mehr Farbstoff von der rechten zur linken Seite diffundieren als im anderen Versuchsansatz.
Nicht erfasst wird, dass in der Realität auch aktive Transportvorgänge (also gegen ein Konzentrationsgefälle) stattfinden.

M Mindmap

–

8 Herz- und Blutkreislauf

8.1 Aufgaben des Blutes

Impuls: Bericht über einen Verkehrs-, Arbeitsunfall mit starkem Blutverlust oder Blutspendeaufrufe durch das Rote Kreuz	
Aufgaben und Zusammensetzung des Blutes	1 Abb. 1
Blutgerinnung	Grundwissentext
Blutgruppen: Erforschung durch LANDSTEINER	2 Abb. 2,3
Antigen-Antikörper-Reaktion am Beispiel der Blutgruppenbestimmung	3 Abb. 2,5
Rolle des Rhesusfaktors in der Schwangerschaft	4 Abb. 4

1

Blutbestandteil	rote Blutzellen	weiße Blutzellen	Blutplättchen	Blutplasma
Besonderheiten	Zellen ohne Zellkern	bewegliche Zellen	Zellbruchstücke	flüssig: setzt sich aus Blutserum und Fibrinogen zusammen
Funktion	Sauerstofftransport	Immunabwehr, Vernichten von Krankheitserregern	Blutgerinnung	Das Blutserum bildet das Reservoir für Wasser, Fett, Kohlenhydrate, Vitamine, Salze, Hormone und Abwehrstoffe.
Entstehungsort	Knochenmark	Knochenmark	Knochenmark	

2

a) Landsteiner erhielt drei verschiedene Versuchsergebnisse und leitete daher die Existenz von drei verschiedenen Blutgruppen ab.
Störk und Landsteiner, Pletschnig und Zaritsch, Stürli und Erdheim zeigen jeweils die gleichen Versuchsergebnisse und besitzen daher jeweils die gleiche Blutgruppe.

b) Das Serum enthält bei den Blutgruppen A, B und 0 Antikörper, bei Blutgruppe AB keine Antikörper.
Störk und Landsteiners Blut verklumpte mit keinem Serum, die roten Blutzellen von Störk und Landsteiner dürfen daher keine Antigene aufweisen, d. h sie haben Blutgruppe 0. Ihr Serum enthält bei Blutgruppe 0 die Antikörper A und B und verklumpt daher mit allen anderen Blutzellen außer ihren eigenen.
Das Serum von Stürli und Erdheim enthält Antikörper gegen die Antigene der Blutzellen von Pletschnig und Zaritsch und umgekehrt. Daraus folgt, dass die Blutgruppe AB für diese vier Personen nicht in Frage kommt. Das Serum der Blutgruppe AB enthält keine Antikörper, so dass die Zugabe von Blutzellen zu diesem Serum zu keiner Verklumpung führen dürfte. Pletschnig/Zaritsch haben Blutgruppe A oder B, Stürli und Erdheim haben dann die Blutgruppe B oder A, dies lässt sich nicht eindeutig klären.

3

Serum / Blut-gruppe	Antikörper A u. Antikörper B	Antikörper A	Antikörper B

Antigen A 	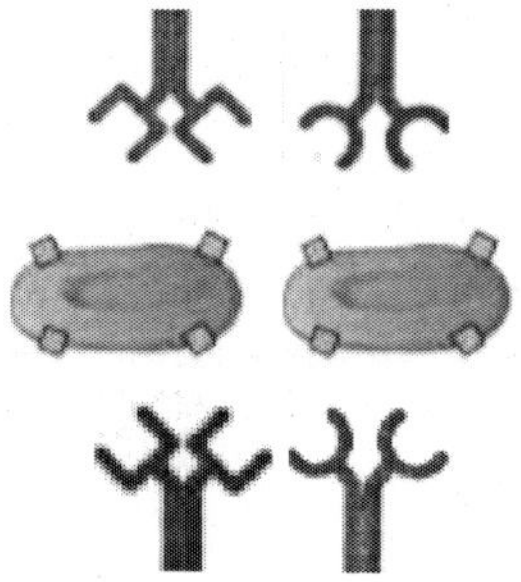 Verklumpung	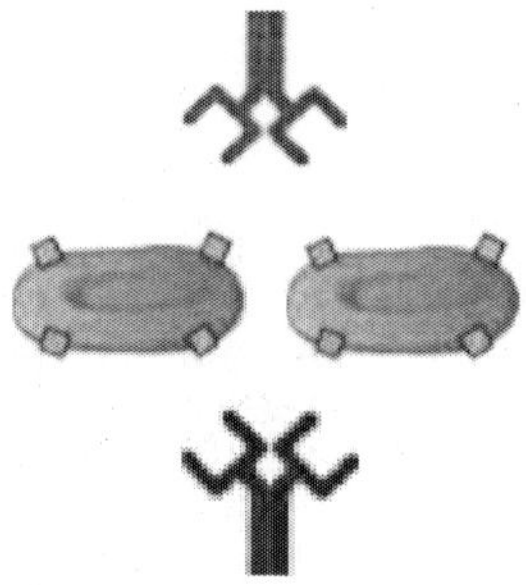 Verklumpung	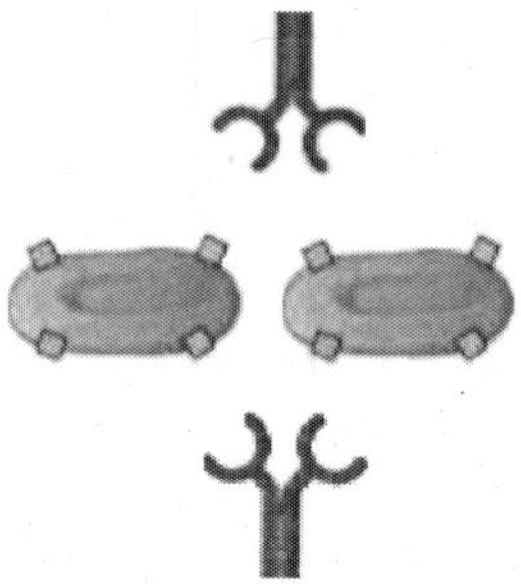 keine Verklumpung
Antigen B 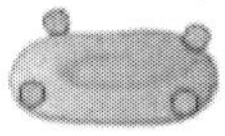	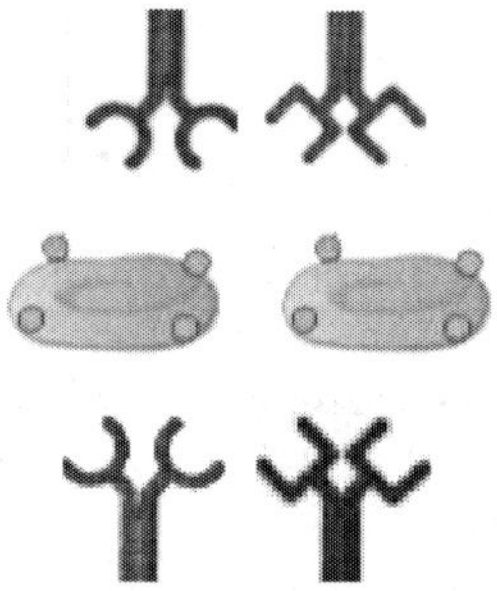 Verklumpung	 keine Verklumpung	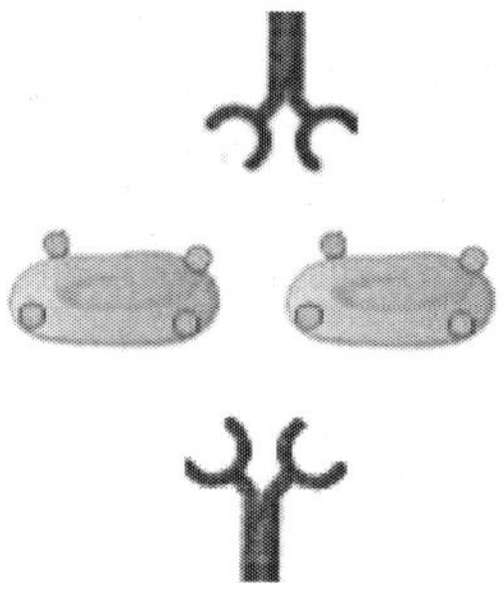 Verklumpung
kein Antigen 0 	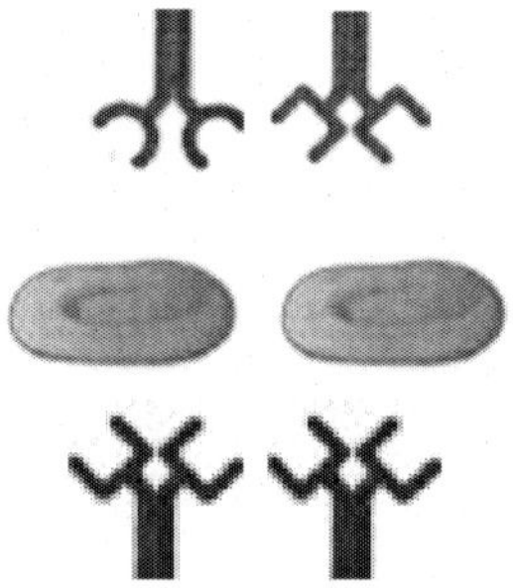 keine Verklumpung	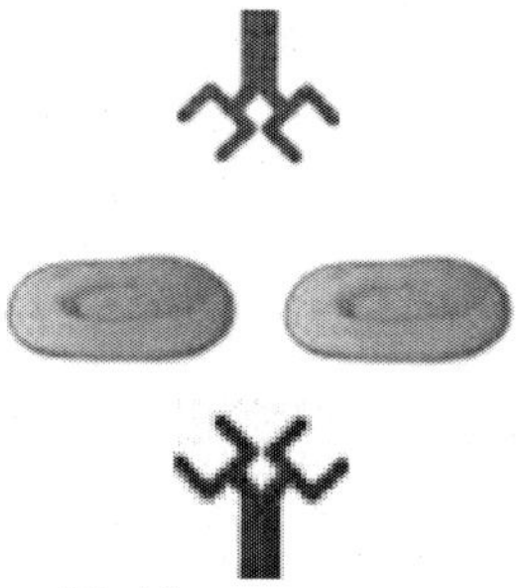 keine Verklumpung	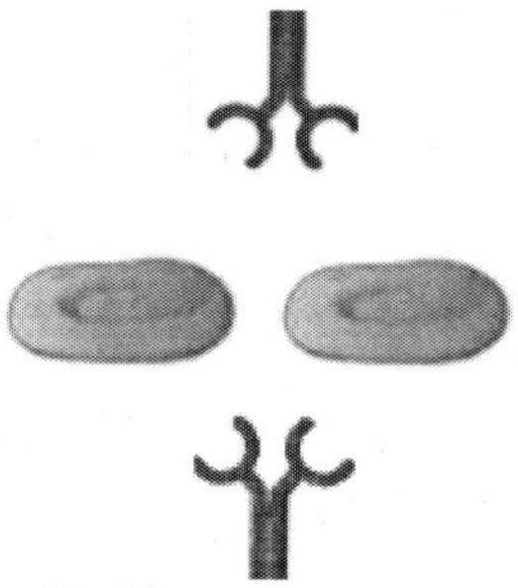 keine Verklumpung
Antigen AB 	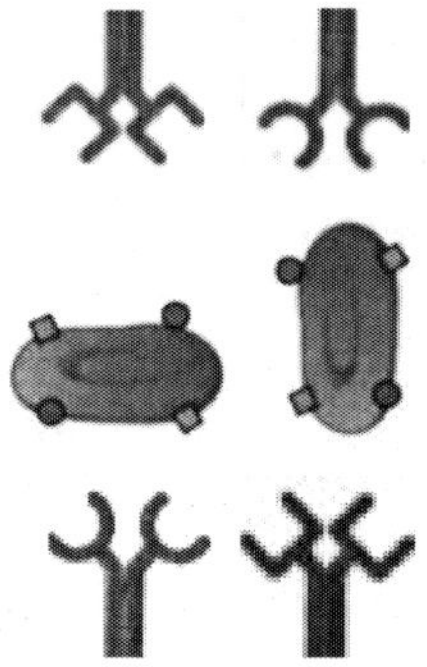 Verklumpung	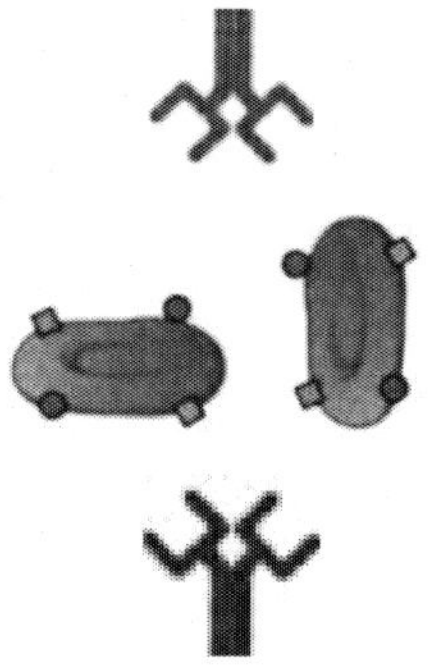 Verklumpung	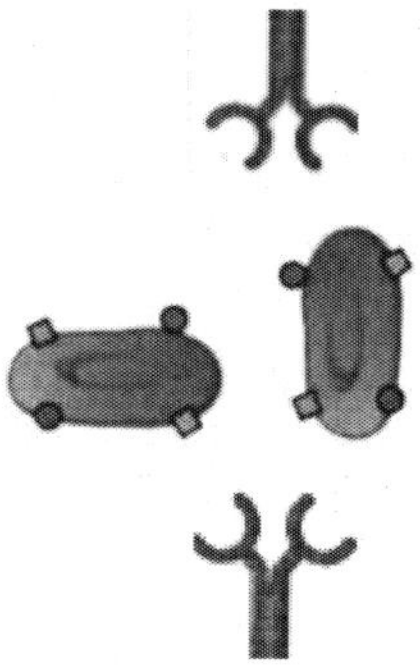 Verklumpung

Beispiel: Verklumpung für Blutgruppe A mit Serum Anti-A: Antikörper A und Antigen A passen wie Schlüssel und Schloss zueinander und verbinden die roten Blutzellen miteinander, so dass sie verklumpen.

4

Während der ersten Schwangerschaft gibt es keinen Kontakt zwischen dem Blut der Frau und ihrem Kind. Beim Geburtsvorgang gelangt Blut des rhesuspositiven Kindes in den Körper bzw. Blutkreislauf der Mutter. Im Körper der Mutter werden Antikörper gegen das Antigen D gebildet. Bei einer erneuten Schwangerschaft mit einem rhesuspositiven Kind gelangen die Antikörper D in den Blutkreislauf des Kindes. Das Antigen D und der Antikörper reagieren miteinander und verklumpen.

8.2 Blutkreislauf

Impuls: Vorstellungen der Antike zum Blutkreislauf: Das Blut wird in der Leber neu gebildet und in den Organen verbraucht.

Blutkreislauf mit Kapillaren	Abb. 1,6
Weg der Atemgase im Blutkreislauf	1 Abb. 4
Transport des Blutes in den Venen und Arterien Aufbau von Arterie und Vene	Abb. 2 Grundwissentext
Transportaufgaben des Blutes	2 Abb. 3
Verteilung des Blutvolumens im Blutkreislauf	3 Abb. 5

1

Das Sauerstoffmolekül gelangt beim Einatmen durch den Nasenrachenraum (1) über die Luftröhre (2) in die Bronchien (3) und fein verzweigten Bronchiolen (4). Die Bronchiolen enden in den Alveolen. Durch die dünne Membran der Alveolen gelangt das Sauerstoffmolekül in das in der Kapillare (5) enthaltene Blut. Die Kapillaren vereinigen sich zu größeren Blutgefäßen (6). Mit dem Blutfluss der Lungenvene erreicht das Sauerstoffmolekül die linke Herzkammer (7). Von dort aus gelangt es in die Aorta (8) und wird durch die Arterien (9) und Kapillaren in das Gewebe transportiert. Durch die Zellmembran der Kapillare (10) gelangt das Sauerstoffmolekül in die Zelle. Gleichzeitig wird Kohlenstoffdioxid mittels Gasaustausch in das Blut abgegeben und über die Kapillaren (11) und Venen (12) in die rechte Herzkammer transportiert (13). Aus der rechten Herzkammer über die Lungenarterie (14) wird das Blut in die Lunge und deren Kapillaren (15), die die Alveolen umgeben, befördert. Das Kohlenstoffdioxidmolekül gelangt in die Alveole und wird mit der Luft ausgeatmet (1).

2

Das Blut transportiert den Sauerstoff aus der Lunge in das Gewebe und transportiert das Kohlenstoffdioxid aus dem Gewebe in die Lunge. Das Blut befördert die aufgenommenen Nährstoffe (Traubenzucker, Fette, Aminosäuren), Wasser, Vitamine und Salze aus dem Darm an die Zellen im Gewebe. Gleichzeitig werden mit dem Blut auch die Botenstoffe (Hormone) aus den Hormondrüsen an ihre Wirkorte transportiert.

3

Die Hauptmenge des Blutes (4,2 l) befindet sich in den Kapillaren, Arterien und Venen. Nur ein geringer Anteil des Blutes befindet sich im Herzen (0,36 l) und im Lungenkreislauf (0,44 l). Die Kapillaren versorgen alle Organe und haben damit eine sehr große Oberfläche, so dass sich hier die Hauptmenge des Blutes befinden muss. Das Herz dient nur zum Antrieb des Blutes, und in den Alveolen der Lunge wird kontinuierlich Sauerstoff in das Blut aufgenommen und Kohlenstoffdioxid abgegeben.

8.3 Bau und Leistung des Herzens

Impuls: Tondokument mit Herztönen

Bau des Herzens und Herztätigkeit	1 Abb. 1–4 Grundwissentext
Herzpräparation zum besseren Verständnis der Herzklappentätigkeit	
Pulsfrequenz verschieden sportlich aktiver Schüler nach 10 Kniebeugen bestimmen Vergleich des Herzens eines Neugeborenen, Erwachsenen und eines Sportlers	2 Abb. 5
Zusammenhang zwischen Herztätigkeit, Blutdruck, Strömungsgeschwindigkeit und Querschnittsfläche der Kapillaren im Blutkreislauf	3 Abb. 6

1

	Diastole	Kontraktion der Vorkammern	Systole
Vorkammer	Füllphase	kontrahiert	entspannt
Herzkammern	entspannt	entspannt, Füllphase	kontrahiert
Segelklappe	geschlossen	geöffnet	geschlossen
Taschenklappe	geschlossen	geschlossen	geöffnet

2

Das Neugeborene hat das kleinste und leichteste Herz. Das Herz eines Erwachsenen ist größer, und die Herzkammern sind verschieden stark ausgebildet. Die linke Herzkammer ist größer. Das Sportlerherz ist am größten und die Muskelwand der linken Herzkammern ist am dicksten.

Die linke Herzkammer muss beim Erwachsenen und Sportler muskulöser und größer sein, da das Blut durch die Kontraktion dieser Kammer in alle Körperorgane (außer der Lunge) transportiert wird. Die rechte Herzkammer transportiert das Blut nur in den Lungenkreislauf.

Die stärkere muskulöse linke Herzkammer des Sportlers ermöglicht ein größeres Schlagvolumen des Herzens, so dass die benötigte Muskulatur noch besser mit Sauerstoff versorgt wird.

3

Die Strömungsgeschwindigkeit des Blutes nimmt in den Kapillaren stark ab (mittlere Abbildung), dies beruht auf der in der oberen Grafik dargestellten Zunahme des Gesamtquerschnittes aller Gefäße. Diese geringe Strömungsgeschwindigkeit ermöglicht einen optimalen Stoffaustausch. Das Herz treibt mit jedem Herzschlag das Blut in den Körper und der Blutdruck ist daher in den direkt am Herzen liegenden Gefäßen (z. B. Aorta) am höchsten und nimmt aufgrund der Reibung an den Kapillarwänden im weiteren Verlauf ab. Der Blutdruck in den Venen ist gering. Das Blut wird nur mit Hilfe der Venenklappen und der Saugfunktion des Herzens transportiert, so dass die Strömungsgeschwindigkeit mit Abnahme der Entfernung zum Herzen leicht zunimmt. Das Blut fließt in der Hohlvene wesentlich langsamer als in der Aorta.

8.4 Sauerstoff ist lebenswichtig – die Zellatmung

Fließdiagramm zur Zellatmung	1	Abb. 1
Reaktionsschema zur Zellatmung Vergleich: Zellatmung – Kerzenflamme	2 3	Abb. 2,3
Zellatmung bei körperlichen Anstrengungen	4	
Auswirkungen von Sauerstoffmangel auf das Gehirn	5	Abb. 4

1

Luft gelangt beim Einatmen in die Bronchien.

↓

Sauerstoff wird in den Lungenbläschen ins Blut aufgenommen.

↓

Der Sauerstoff wird durch das Blut zu allen Körperzellen transportiert und in die Zellen aufgenommen.

↓

In der Zelle wird mithilfe des Sauerstoffs Glucose zu CO_2 und Wasser abgebaut.

↓

Dabei wird die chemische Energie der Glucose in Energie umgewandelt, die die Zelle nutzen kann, und Wärme wird frei.

2

Bei der Zellatmung reagiert Glucose mit Sauerstoff zu Kohlenstoffdioxid und Wasser, wobei Energie frei wird.

3

Gemeinsamkeiten:
- Sauerstoff wird benötigt.
- Ein Stoff wird zunächst umgewandelt und dann „verbrannt“ bzw. „veratmet“: Kerzenwachs wird zunächst flüssig, dann gasförmig und dann verbrannt. Nährstoffe der Nahrung werden im Darm zunächst in Einzelbausteine zerlegt (z. B. Glucose), die dann in der Zellatmung umgesetzt wird.
- Bei beiden Prozessen entsteht Wärme.
- Bei beiden Prozessen entstehen Kohlenstoffdioxid und Wasser.

Unterschiede:
- Die entstehende Temperatur ist bei der Kerzenflamme sehr viel höher.
- Beim Verbrennen der Kerze wird die chemische Energie des Kerzenwachs vor allem in Licht und Wärme umgewandelt. Bei der Zellatmung wird die chemische Energie der Nährstoffe vor allem in Energie umgesetzt, die der Körper weiter nutzen kann, nur ein kleiner Teil wird als Wärme frei.
- Eine Kerzenflamme kann leicht ausgepustet werden; die Zellatmung findet andauernd in allen lebenden Zellen statt.

4

- Körperliche Anstrengung → hoher Energiebedarf, da Muskeln zur Bewegung Energie brauchen.
- Es muss viel Zellatmung in den Muskelzellen betrieben werden, um diese Energie bereitzustellen.
- Aus dem Blut werden viele Nährstoffe und Sauerstoff aufgenommen.
- Durchblutung wird erhöht.
- Atemfrequenz steigt.

5

a) Schon nach 5 Sek. Sauerstoffmangel treten im Gehirn erste Störungen auf. Nach 15 Sek. ohne Sauerstoff wird man bewusstlos. Nach 3 Min. Sauerstoffmangel treten Teilstörungen auf, die nicht mehr rückgängig zu machen sind. Bekommt das Gehirn 5 Min. lang keinen Sauerstoff, stirbt es.

b) Die Gehirnzellen brauchen viel Sauerstoff, um Zellatmung betreiben zu können und aus dieser Energie zu erhalten. Ohne diese Energie kann das Gehirn seine Funktionen, Informationen zu verarbeiten, zu denken und zu erinnern, nicht leisten. Daher treten schon bei kurzem Sauerstoffmangel erste Störungen auf. Auch das Bewusstsein ist eine Leistung des Gehirns. Wenn die Zellen des Gehirns durch Sauerstoffmangel keine Energie haben, wird man bewusstlos. Bei längerem Sauerstoffmangel (3 Min) sterben die Zellen, denn sie brauchen die Energie aus der Zellatmung zum Leben. Wenn Zellen des Gehirns absterben, kommt es zu Störungen, die auch bei anschließender Sauerstoffzufuhr nicht rückgängig zu machen sind. Sind zu viele Zellen des Gehirns abgestorben, was passiert, wenn 5 Minuten lang kein Sauerstoff zur Verfügung ist, funktioniert das Gehirn als ganzes nicht mehr und man spricht vom Gehirntod.

8.5 Regulation der Körpertemperatur

Körperkern und Körperschale	Abb. 1
Regulation der Körpertemperatur	1 2 4 Abb. 3–5
Regelkreis Körpertemperatur	2 Abb. 2

1

1 → E: Körpertemperatur steigt: Thermostat im Hypothalamus stellt den Erwärmungsmechanismus ab.
2 → D: Blutgefäße der Haut ziehen sich zusammen, lenken das Blut von der Haut in tiefere Gewebe um und verringern Wärmeverlust an der Hautoberfläche.
3 → I: Schweißdrüsen aktiviert, erhöhte Verdunstungskälte.
4 → K: Körpertemperatur fällt ab: Thermostat im Hypothalamus stellt den Kühlungsmechanismus ab.
5 → C: Skelettmuskeln aktiviert, Zittern erzeugt mehr Wärme.
6 → F: Auslöser: Erhöhte Körpertemperatur (z. B. während Bewegung oder in heißer Umgebung).
7 → H: Blutgefäße der Haut entspannen sich: Kapillaren fühlen sich mit warmen Blut, Wärme strahlt von der Hautoberfläche ab.
8 → B: Thermostat im Hypothalamus aktiviert Erwärmungsmechanismus.
9 → A: Auslöser: Abgesunkene Körpertemperatur (z. B. durch kalte Umgebung).
10 → G: Thermostat im Hypothalamus aktiviert Kühlungsmechanismus.

2

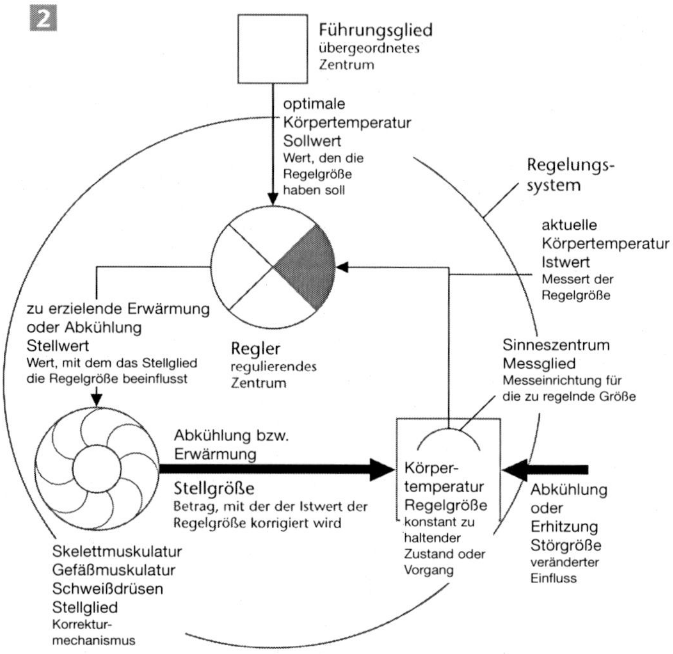

Ziel ist, die Körpertemperatur auf einem konstanten Wert zu halten (Sollwert). Bei kalter oder heißer Umgebungstemperatur (Störgröße) weicht die Körpertemperatur davon ab. Diese Erwärmung oder Abkühlung wird von Sinneszellen (Messglied) registriert und an das Gehirn weitergegeben. Im Gehirn setzt der Hypothalamus (Regler) Erwärmungs- bzw. Kühlungsmechanismen in Gang: Zur Korrektur von zu hoher Körpertemperatur werden die Schweißdrüsen (Stellglied) aktiviert, wodurch Verdunstungskälte auf der Haut entsteht und den Körper kühlt. Außerdem werden die oberen Hautschichten verstärkt durchblutet, sodass Wärme aus dem Körperinneren über die Haut nach außen abgegeben wird. Bei zu niedriger Körpertemperatur ziehen sich die Kapillaren der Haut zusammen, sodass weniger Wärme nach außen verloren geht und durch Muskelzittern wird aktiv Wärme erzeugt. Diese Korrektur (durch verschiedene Stellglieder) passiert so lange (Stellgröße), bis die optimale Körpertemperatur wieder errecht ist, der Istwert also dem Sollwert entspricht.

3

a) Am Tag, zwischen 8 und 16 Uhr ist die Körpertemperatur der Kohlmeise konstant auf knapp 42 °C, unabhängig von der Umgebungstemperatur. Nachts fällt sie ab, erreicht um Mitternacht ein Minimum und steigt dann wieder. Die Stärke des nächtlichen Temperaturabfalls ist abhängig von der Umgebungstemperatur: bei warmer Umgebung (20 °C) sinkt die Temperatur nur um max. 3°, bei Außentemperaturen von 0 °C um ca. 5° und bei –30 °C Außentemperatur sogar um ca. 7°, sodass dann die Körpertemperatur um Mitternacht nur noch ca. 35 °C beträgt.
b) Auch gleichwarme Tiere haben nicht immer die gleiche Körpertemperatur. Sie regulieren diese aktiv, um ihre Körpertemperatur in einem optimalen Bereich zu halten. Bei der Kohlmeise z. B. wird die Körpertemperatur aber nur tagsüber, in ihrer aktiven Zeit, wirklich konstant gehalten, nachts fällt sie abhängig von der Umgebungstemperatur ab.
c) Zur Aufrechterhaltung einer hohen Körpertemperatur (knapp 42 °C) ist viel Energie notwendig. Da die Kohlmeise nachts keine Nahrung findet, spart sie durch Absenken der Körpertemperatur Energie.

4

Bei hohen Außentemperaturen sind die Kapillaren der äußeren Hautschichten geweitet, sodass viel warmes Blut hindurchfließt und viel Wärme aus dem Körperinneren über die Haut abgegeben wird. Arterien und Venen liegen weit auseinander, wodurch sich das warme Blut der Arterie auf dem Weg zur Hautoberfläche durch die Entfernung zum kälteren venösen Blut kaum abkühlt (niedriger Wärmeaustausch). Bei kalter Außentemperatur ziehen sich die Kapillaren der äußeren Hautschichten zusammen. Dadurch fließt wenig Blut und wenig Wärme geht vom Blut nach außen verloren. Außerdem liegen Venen und Arterien in den inneren Hautschichten jetzt näher zusammen, sodass bereits hier ein hoher Wärmeaustausch zwischen arteriellem und venösem Blut stattfindet und so die Wärme im Inneren gehalten wird (hoher Wärmeaustausch).

8.6 Anpassung an körperliche Anstrengung

Atmung und Herztätigkeit bei körperlicher Anstrengung	**2** Abb. 3 (1)
Durchblutung der Organe bei körperlicher Anstrengung	**1** Abb. 2 (1)
Wirkungen von regelmäßigem Training, Bewegungsmangel	Abb. 1
Veränderungen der Arbeitsschwere, des Nährstoffbedarfs und der Nährstoffaufnahme	**3** Abb. 4,1

1

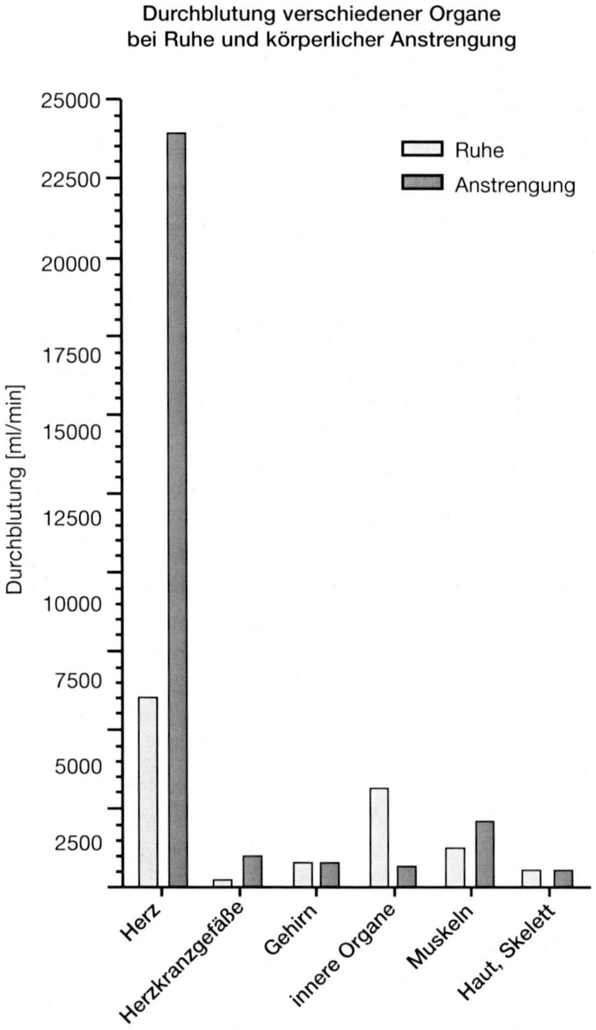

Bei körperlicher Anstrengung nimmt die Durchblutung des Herzens und der Herzkranzgefäße sehr stark zu; im Vergleich zur Ruhe steigt sie auf das Vierfache an (Herz: von 6 auf 24 l/min, Herzkranzgefäße: von 250 auf 1000-ml/min). Auch die Durchblutung der Muskeln nimmt deutlich zu. Dagegen sinkt bei körperlicher Anstrengung die Durchblutung der inneren Organe deutlich ab: von 3100 ml/min auf 600 ml/min. Die Durchblutung des Gehirns, der Haut und der Skelettknochen ändert sich nicht, sondern bleibt unabhängig von Ruhe oder Anstrengung konstant.

Diese Veränderungen der Durchblutung der Körperorgane sind eine kurzfristige Anpassung an den bei Anstrengung erhöhten Energiebedarf. Um Energie aus der Zellatmung zu gewinnen, benötigen die Zellen Nährstoffe und Sauerstoff. Durch die Erhöhung der Durchblutung werden der Sauerstoff und die Nährstoffe über das Blut schnell zu den Körperteilen transportiert, die diese besonders benötigen: das Herz, um stark und schnell zu schlagen und die Muskeln, um sich zusammenzuziehen. Die inneren Organe wie z. B. die Verdauungsorgane sind dagegen während der körperlichen Bewegung weniger wichtig.

2

a)
- Herzgewicht (g): Absolutes Gewicht des Herzens
- Herzgewicht (g/kg Körpergewicht): Gewicht des Herzens im Verhältnis zum Körpergewicht
- Blutvolumen (l): Volumen des gesamten Blutes im Körper
- Herzfrequenz (1/min): Häufigkeit des Herzschlages, angegeben als die Anzahl der Herzschläge pro Minute
- Schlagvolumen des Herzens (ml): Volumen des Blutes, das bei einem Herzschlag gepumpt wird
- Herzzeitvolumen (l/min): Volumen des Blutes, das pro Minute durch das Herz gepumpt wird
- Atemzeitvolumen (l/min): Volumen der Luft, die pro Minute eingeatmet wird

b) Das Herzgewicht ist beim Ausdauersportler wesentlich größer als beim Nichtsportler, und zwar sowohl bezüglich der absoluten Werte (350–500 g gegenüber 250–300 g) als auch besonders bezogen auf das Körpergewicht (8,0 vs. 4,8 g/kg Körpergewicht). Das Blutvolumen des Körpers ist bei Nichtsportler und Ausdauersportler relativ ähnlich, beim Ausdauersportler etwas höher. Große Unterschiede zeigen sich in der Herzfrequenz: Die Ruhe-Herzfrequenz liegt beim Nichtsportler bei 80, beim Ausdauersportler ist sie nur halb so hoch bei 40/min; die maximalen Herzfrequenzen sind bei beiden 180/Minute. Die niedrige Ruhe-Herzfrequenz beim Ausdauersportler ist verbunden mit einer starken Erhöhung des Schlagvolumens, das doppelt so groß ist wie beim Nichtsportler. Das Herz des Ausdauersportlers schlägt also in Ruhe halb so oft, pumpt bei jedem Schlag aber doppelt so viel Blut wie das des Nichtsportlers. Bezogen auf das Herzzeitvolumen haben beide daher die selben Werte (5,6 l/min). Da das Sportler-Herz aber auch bei maximaler Frequenz mehr Blut pumpt, ist dann das Herzzeitvolumen sehr hoch (35 l/min beim Sportler gegenüber 18 l/Min beim Nichtsportler). Das Atemzeitvolumen beider liegt in Ruhe bei 8 l/min, kann beim Sportler aber einen doppelt so hohen Maximalwert erreichen wie beim Nichtsportler.

Die Veränderungen beim Ausdauersportler gegenüber dem Nichtsportler stellen langfristige Anpassungen an die Erfordernisse bei körperlicher Anstrengung dar: Das Herz ist durch seine Größe und sein Schlagvolumen sehr effektiv und schlägt in Ruhe daher viel weniger oft. Bei Anstrengung kann es durch seine Effizienz bei hoher Schlagfrequenz eine sehr große Menge Blut pumpen, das Sauerstoff und Nährstoffe zu den Muskelzellen transportiert, die diese Stoffe zur Energiegewinnung in der Zellatmung benötigen. Für die schnelle Sauerstoffzufuhr kann auch die Atmung bei Bedarf stark gesteigert werden.

3

a) Abbildung 4a zeigt die Veränderung der Arbeitsschwere von 1982 bis heute. Bis ca. 1925 war die Arbeit meistens mittelschwer, dann folgte Schwerarbeit. Leichtarbeit und Schwerstarbeit nahmen immerhin noch einen Anteil von einem Viertel bzw. einem Fünftel ein. Im Laufe der dann folgenden Jahrzehnte sank die Häufigkeit der Mittel- bis Schwerstarbeit immer mehr, dagegen nahm der Anteil der Leichtarbeit enorm zu. Heute ist über 90 % aller Arbeit Leichtarbeit, ca. 25 % Mittelschwerarbeit und nur jeweils weniger als 10 % der Arbeit ist Schwer- oder Schwerstarbeit.
Abb. 4b zeigt den Verlauf des Nährstoffbedarfs und der Nährstoffaufnahme im selben Zeitraum (1882 bis heute). Lagen 1882 Nährstoffbedarf und -aufnahme auf dem gleichen, sehr hohem Niveau (ca. 14000 kJ pro Person und Tag), so nimmt der Nährstoffbedarf von da an stark ab Die Nährstoffaufnahme sank parallel dazu aber nicht in gleicher Weise, sondern viel weniger und blieb ab 1950 weitgehend konstant, sodass es zu einer zunehmenden Diskrepanz zwischen Nährstoffaufnahme und Nährstoffbedarf der Menschen kam. Heute liegt beispielsweise der Nährstoffbedarf bei nur knapp über 10000 kJ, die Nährstoffaufnahme dagegen bei ca. knapp 13000 kJ pro Person und Tag.
Die Abnahme des Nährstoffbedarfs geht parallel zur Zunahme an Leichtarbeit, sie ist durch diese mitbedingt: Bei nur leichter körperlicher Arbeit ist der Energie- und damit der Nährstoffbedarf weit geringer als bei schwerer Arbeit. Im Essverhalten hat man sich daran aber kaum angepasst, sodass heute bei den meisten Menschen die Nährstoffaufnahme den Nährstoffbedarf des Körpers aufgrund der Arbeit übersteigt. (Durch körperliche Betätigung außerhalb der Arbeit kann die Differenz gemindert werden, siehe Aufgabe 3 c).
b) Seit 1882 hat der Anteil an Leichtarbeit zugenommen, damit verbunden ist der Nährstoffbedarf der Menschen stark gesunken, was sich aber nicht in gleicher Weise auf das Essverhalten (Nährstoffaufnahme) ausgewirkt hat.
c) Heutzutage liegt die Nährstoffaufnahme bei vielen Menschen weit über ihrem Nährstoffbedarf (vgl. Abb. 4a und b). Dies führt dazu, dass überschüssige Nährstoffe als Fett gespeichert werden, was auf Dauer nicht gesund ist. Durch körperliche Anstrengung wird der Energiebedarf des Körpers erhöht, sodass die Diskrepanz zwischen Nährstoffaufnahme und -bedarf kleiner wird und es nicht zu übermäßiger Fetteinlagerung kommt. Zudem wirkt regelmäßiges Training u.a. auch positiv auf das Herz-Kreislaufsystem, und die meisten Menschen fühlen sich besser (vgl. Grundwissentext).

8.7 Herz-Kreislauf-Erkrankungen

Risikofaktoren	
Beispiel Schlaganfall (Herzinfarkt)	**1** Abb. 1(2)
Entstehung von Arteriosklerose	**2** Abb. 3(1,2)
Todesursachen: früher und heute	**3** Abb. 4

1

Durchblutung, Sauerstoffverbrauch und Glucoseumsatz im Gehirn hängen eng zusammen: Wie in Abb. 1 zu sehen, bewirkt die ausbleibende Durchblutung eines Hirnbereiches bei einem Schlaganfall, dass in diesem Bereich auch kein Sauerstoff verbraucht werden kann, der ja mit dem Blut zu den Gehirnzellen transportiert wird und auch kaum Glucose umgesetzt wird. Die Folge der Durchblutungsstörung ist also letztlich ein Mangel an nutzbarer Energie für die Zellen, was bis zu ihrem Absterben führen kann.
Im Fall des in Abb. 1 dargestellten Gehirns ist ein sehr großer Bereich der linken, vorderen Hirnhälfte, vom Schlaganfall betroffen, wie an der sehr niedrigen Durchblutung zu erkennen ist. Ursache ist wahrscheinlich die Verstopfung eines wichtigen Blutgefäßes, das diesen großen Teil des Gehirns versorgt.

2

a)

Schädigung der Gefäßwand (z. B. durch Rauchen, hohen Blutdruck und LDL)
↓
Einlagerung von Blutfetten
↓
Entzündung der Gefäßwand, weiße Blutzellen dringen ein
↓
Verengung des Gefäßes durch Plaque-Bildung
↓
Entstehung von Blutgerinnseln nach plötzlichem Aufreißen der Plaques

b) Bluthochdruck bewirkt eine Vorschädigung der Gefäßwand, die die Einlagerung von Blutfetten, Entzündungen und Plaque-Bildung begünstigt. Auch das Aufreißen der Plaques könnte bei hohem Blutdruck schneller stattfinden und dann eventuell zur Bildung eines großen, lebensgefährlichen Blutgerinnsels führen. Rauchen ist neben hohem Blutdruck an der Schädigung der Gefäßwand direkt beteiligt. Außerdem führt es zur Verengung der Gefäße, in der Folge zu Bluthochdruck und damit zu einer erhöhten Wahrscheinlichkeit, dass Plaques aufreißen und sich ein Blutgerinnsel bildet.

3

a) Todesfälle durch Krankheiten des Kreislaufsystems:
393779 / 841560 = 0,4679, also 46,79 %
Todesfälle durch Krebs:
210043 / 841560 = 0,2496, also 24,96 %

b) Im Jahr 1900 waren die hygienischen Bedingungen und die medizinische Versorgung wesentlich schlechter als heute. Vor allem kannte man noch keine wirksamen Antibiotika (Entdeckung des Penicillins 1928), um schwere bakterielle Infekte wie die Lungenentzündung zu bekämpfen. Weiterhin begünstigten die Lebensbedingungen vieler Menschen (z. B. mangelhafte Heizung, Kleidung und vitaminarme Ernährung im Winter) Krankheiten wie Lungenentzündung.
Auch Tuberkulose wird durch Bakterien hervorgerufen und kann daher heute mithilfe von Antibiotika besser behandelt werden. Entscheidend ist auch, dass heute in Deutschland die Tuberkulose schon früh erkannt und behandelt werden kann und sich weniger schnell verbreiten kann. Früher gab es große Tuberkulose-Epidemien, vor allem in Städten, da sich diese Krankheit sehr schnell über Tröpfcheninfektion verbreitete.

M Risiko und Wahrscheinlichkeit

1

- Absolute Häufigkeit: Häufigkeit, mit der ein Ereignis eintritt
- Relative Häufigkeit: Häufigkeit, mit der ein bestimmtes Ereignis eintritt, bezogen auf die Gesamtzahl der Ereignisse
- Wahrscheinlichkeit: möglichst gute Vorhersage der relativen Häufigkeit
- Risiko: Wahrscheinlichkeit, mit der ein negativ bewertetes Ereignis eintritt
- subjektive Risikowahrnehmung: subjektive, von persönlichen Erfahrungen und Gefühlen getragene Einschätzung der Wahrscheinlichkeit, mit der ein negatives Ereignis eintritt

2

100 % bezeichnen die Gesamtheit aller (registrierten) Verletzungen. Verschiedene Verletzungen treten mit unterschiedlicher relativer Häufigkeit auf, sodass es unterschiedliche Wahrscheinlichkeiten für Verletzungen an verschiedenen Körperteilen gibt:

Kopf, Hals: 16 % → Wahrscheinlichkeit von 0,16

Hand, Unterarm, Ellenbogen: 32 % → Wahrscheinlichkeit von 0,32

Knie, Fuß, Unterschenkel: 26 % → Wahrscheinlichkeit von 0,26

Rumpf, Becken: 11 % → Wahrscheinlichkeit von 0,11

Sonstige: 15 % → Wahrscheinlichkeit von 0,15

3

Beispiele:

1) Risiko des Zigaretten-Rauchens (wenn man selbst Raucher ist); Risiko, bei Tätigkeiten im Haushalt einen Unfall zu erleiden. Risiko, im Straßenverkehr einen Unfall zu erleiden.

2) Risiko, durch ein Naturereignis (z. B. Blitz, Gewitter, Sturm) körperlich zu Schaden zu kommen

3) Wer sich informiert hat, weiß, dass das Risiko, im Laufe eines Jahres vom Blitz erschlagen zu werden, über 100-fach kleiner ist, als das Risiko, im Laufe eines Jahres an einer Fischgräte zu ersticken. (Nach Krämer, 2001, sterben etwa 800 Personen jährlich an Fischgräten).

4) Wenn bei einem Nachbarn eingebrochen wurde, steigt die Angst vor einem Einbruch im eigenen Haus.

Wenn in der Nähe ein Zug entgleist ist und in der Presse mit Text und Bild über schreckliche Verletzungen berichtet wurde, wird das Risiko des Bahnfahrens danach überschätzt.

5) Nach einem selbst erlittenen Autounfall wird das Risiko des Autofahrens höher eingeschätzt als zuvor.

Nachdem das Fahrrad gestohlen wurde, wird von dem Betroffenen das Risiko eines Fahrraddiebstahls höher eingeschätzt.

4

a) z. B.

- Für rauchende Männer im Alter von 60 Jahren, die einen (systolischen) Blutdruck von 140 mmHg haben und 270 mg Cholesterin im Blut, ist die Wahrscheinlichkeit, in den nächsten 10 Jahren einen Herzinfarkt zu bekommen, 10–14 %.
- Für nicht rauchende Frauen im Alter von 40 Jahren, die einen Blutdruck von 120 mmHg haben und 190 mg Cholesterin im Blut, ist die Wahrscheinlichkeit, in den nächsten 10 Jahren einen Herzinfarkt zu bekommen, kleiner als 1 %.

Für rauchende Frauen im Alter von 55 Jahren, die einen Blutdruck von 180 mmHg haben und 150 mg Cholesterin im Blut, ist die Wahrscheinlichkeit, in den nächsten 10 Jahren einen Herzinfarkt zu bekommen, 3–4 %.

b) Die Wahrscheinlichkeit, einen Herzinfarkt zu erleiden, steigt bei hohem Blutdruck, hohen Cholesterinwerten, durch Rauchen und mit zunehmendem Alter. Generell treten bei Männern häufiger Herzinfarkte auf als bei Frauen. Kommen alle Risikofaktoren zusammen, ist das Risiko besonders hoch (extrem: Kästchen ganz rechts oben, rauchender 65 jähriger Mann mit hohen Blutruck- und Cholesterinwerten). Aber auch schon die Kombination zweier Risikofaktoren, z. B. hoher Blutdruck und hohe Cholesterinwerte erhöhen das Risiko eines Herzinfarktes deutlich, unabhängig von Alter und Rauchverhalten (in jedem Kasten nimmt das Risiko von unten links nach oben rechts zu). Auch nur ein Faktor, z. B. ob man raucht oder nicht, verändert das Herzinfarktrisiko: Die Spalten für Raucher zeigen insgesamt ein größeres Risiko als die Spalten für Nichtraucher. Ein sehr geringes Herzinfarktrisiko besteht für jüngere Menschen, die nicht rauchen und normal bis mittlere Blutdruck- und Cholesterinwerte haben.

c) Zur Vorbeugung eines Herzinfarktes ist es wichtig, nicht zu rauchen und regelmäßig die Blutdruck und Cholesterinwerte zu kontrollieren, um hohe Werte zu erkennen und eventuell medikamentös behandeln zu können.

M Basiskonzepte zum Thema „Stoffwechsel des Menschen"

Inhalte des Kapitels wiederholen – Basiskonzepte zuordnen **1**

Sachverhalt	Basiskonzepte
1	Struktur und Funktion (Oberflächenvergrößerung), Stoff- und Energieumwandlung
2	Struktur und Funktion
3	Stoff- und Energieumwandlung
4	Stoff- und Energieumwandlung
5	Stoff- und Energieumwandlung
6	Stoff- und Energieumwandlung, Struktur und Funktion (Schlüssel-Schloss-Prinzip)
7	Struktur- und Funktion (Oberflächenvergrößerung), Stoff- und Energieumwandlung
8	Struktur und Funktion
9	Steuerung und Regelung
10	Kompartimentierung, Stoff- und Energieumwandlung
11	Steuerung und Regelung
12	Variabilität und Angepasstheit

Mit der richtigen Argumentation lassen sich eventuell weitere Basiskonzepte zuordnen.

9 Sinnesorgane und Gehirn

9.1 Vom Reiz zur Wahrnehmung

Einflüsse und Reize auf der Haut	Abb. 1

Was nehmen wir wahr? Begriffe: Reiz, adäquater Reiz, Reizstärke	1 Abb. 1,3

Die Sinneszellen in der Haut	2 Abb. 2,3

Technische Hilfsmittel Wie wirken diese?	2

1

- Sinneszellen ermöglichen die Wahrnehmung von Umgebungsreizen.
- Jede Sinneszelle reagiert nur auf einen adäquaten Reiz mit einer speziell passenden Reizart und Reizstärke.
- Sinneszellen mit ähnlichen Aufgaben sind in Sinnesorganen zusammengefasst.
- Sinneszellen wandeln Reize in elektrische Signale um, die von Nerven an das Gehirn weitergeleitet werden, wo die Wahrnehmung entsteht.
- Die Sinneszellen verschiedener Tierarten sind auf deren Lebensweise spezialisiert.

2

z. B.
- Kompass zur Messung des Magnetfeldes
- Fledermaus-Detektor zum Hörbarmachen von Ultraschalllauten
- Infrarot-Sichtgerät zum Sichtbarmachen von infraroter Strahlung
- Geigerzähler zur Messung radioaktiver Strahlung
- Thermometer zur genauen Messung von Temperaturschwankungen

3

a)

Sinneszelle	**adäquater Reiz**	**Beispiel für Alltagssituation**
Sinneszelle für Wärme	hohe Temperatur	warme Luft im Sommer
Sinneszelle für Kälte	niedrige Temperatur	Berührung von Schnee
Sinneszelle für Druck	mechanischer Druck	Begrüßung mit Handschlag
Sinneszelle für Hautbewegung	Dehnung der Haut	Bewegung der Haare durch Wind
Sinneszelle im Muskel für Dehnung	Dehnung des Muskels	Bewegen der Finger
Sinneszellen für Vibration	Vibration	Berühren eines schwingenden Musikinstruments
Sinneszellen für Druck und Schwingungen	Druck und Schwingungen	Gitarre spielen
Nervenendigung für Schmerz	Verletzung	Nadelstich

b) Die Wahrnehmung von Wärme und Kälte sind für den Menschen besonders wichtig, da alle Körperfunktionen an eine konstante Körpertemperatur gebunden sind. Um diese aufrecht zu halten, ist es wichtig, die Umgebungstemperatur wahrzunehmen und das Verhalten daran anzupassen, um den Körper vor Auskühlung oder Überhitzung zu schützen (z. B. Heizen im Winter, leichte Kleidung im Sommer). Extreme Hitze und Kälte sind für den Körper gefährlich und können z. B. die Haut zerstören.

c) Die Raumschwelle ist der Abstand zweier gleichstarker Druckreize, die gerade getrennt wahrgenommen werden. Sie ist für verschiedene Körperteile sehr unterschiedlich groß: Zungenspitze, Lippe und Fingerspitze haben besonders kleine Raumschwellen, d. h. zwei sehr nahe Druckreize werden einzeln wahrgenommen (< 5 mm). Zungenrand, Handfläche, Stirn und Handrücken können weniger gut Druckreize unterscheiden, hier ist die Raumschwelle größer (~35 mm). Besonders große Raumschwellen haben Rücken und Oberarm, hier werden zwei Druckreize erst dann getrennt voneinander wahrgenommen, wenn sie ca. 6,8 cm auseinander liegen.

Diese unterschiedliche Empfindlichkeit gegenüber nah beieinander liegenden Druckreizen steht im Bezug zu den Leistungen der Körperteile: Die Zunge muss sehr empfindlich sein, um Nahrung gut zu spüren und exakte Bewegungen beim Sprechen zu machen. Mit den empfindlichen Fingerspitzen tasten wir unbekannte Strukturen ab. Die Handfläche muss beim Greifen sehr viel feiner Druckpunkte auflösen können als der Handrücken. An Rücken und Oberarm muss keine genaue Wahrnehmung von Druckreizen erfolgen.

9.2 Das Auge

Bau des Auges Stationen des Sehens	1 Abb. 1
Versuch zum blinden Fleck	2 Abb. 3
Dämmerungssehen und Farbensehen	3a 4 Abb. 2
Rot-Grün-Sehschwäche	3b 3c Abb. 4

1

Licht gelangt durch die Hornhaut ins Auge
↓
Licht wird durch die Pupille gelassen
↓
Licht wird durch die Linse gebrochen
↓
Licht gelangt durch den Glaskörper
↓
Licht trifft auf die Netzhaut
↓
Sehsinneszellen (Stäbchen und Zapfen) reagieren und senden elektrische Signale an Nervenzellen
↓
Nervenzellen senden elektrische Signale an Sehnervenzellen
↓
Sehnervenzellen senden die Information als elektrisches Signal an das Gehirn
↓
Im Gehirn entsteht die Seh-Wahrnehmung

2

a) Beim Fixieren des Kreuzes ist dieses scharf zu erkennen, Kreis und Rechteck wirken undeutlicher. Bei einem bestimmten Abstand zwischen Auge und Buch ist rechts nur noch der Kreis zu sehen, das Rechteck ist

verschwunden. Wird der Abstand noch kleiner, so taucht das Rechteck wieder auf, dafür verschwindet der Kreis. Wenn das Buch direkt vor die Augen gehalten wird, sind beide Symbole wieder zu sehen.
Beim Fixieren des Kreuzes wird dieses auf der Netzhaut am gelben Fleck abgebildet, wo die Zapfen besonders dicht stehen, hier wird dadurch besonders scharf gesehen. Kreis und Kreuz sind weiter außen auf der Netzhaut abgebildet, wo die Sehsinneszellen weniger dicht stehen und werden weniger exakt wahrgenommen. Bei einem bestimmten Abstand zwischen Auge und Buch fällt Licht, das vom Rechteck kommt, genau auf den blinden Fleck, den Bereich auf der Netzhaut, an dem der Sehnerv das Auge verlässt. Da sich dort keine Sinneszellen befinden, wird die Lichtinformation nicht verarbeitet und man kann das Rechteck nicht wahrnehmen. Wenn der Abstand kleiner ist, werden Kreis und Rechteck an anderen Stellen der Netzhaut abgebildet, und nun trifft das Licht des Kreises genau auf den blinden Fleck – der Kreis wird nicht gesehen, während das Rechteck wieder sichtbar ist. Bei sehr kleinem Abstand sind beide Symbole ganz außen auf der Netzhaut abgebildet und sind für uns sichtbar.
Der Versuch ist ein Nachweis für den blinden Fleck.
Die genaue Beobachtung zeigt, dass, während der Kreis verschwindet, an dieser Stelle trotzdem etwas gesehen wird, nämlich rote Farbe. Dies ist darauf zurückzuführen, dass das Gehirn den durch den blinden Fleck unbekannten Teil rekonstruiert und sinnvoll ergänzt: Sinnvoll bedeutet hier, dass der rechts und links des blinden Flecks abgebildete rote Hintergrund auch in der Wahrnehmungslücke fortgesetzt wird.

b) Der Versuch funktioniert auch mit einer Abbildung in einer anderen Farbe. Die Existenz des blinden Flecks ist unabhängig vom Farbensehen, das durch die drei unterschiedlichen Zapfentypen vermittelt wird. Wird der Versuch mit einer Abbildung anderer Farbe durchgeführt, wird nochmals deutlich, dass das Gehirn die durch den blinden Fleck entstehende Wahrnehmungslücke durch die entsprechende Hintergrundfarbe ergänzt.

3

a) Abbildung 2 zeigt in einer Grafik die unterschiedliche Empfindlichkeit der drei Zapfentypen: blau-violett empfindliche Zapfen reagieren maximal auf Licht der Wellenlänge 450 nm, was blau-violetter Farbe entspricht. Grün-empfindliche Zapfen reagieren besonders empfindlich auf Licht mit einer Wellenlänge von 540 nm (grün-gelb) und rot-empfindliche Zapfen auf Licht der Wellenlänge 600 nm (rot).
Auf Licht mit Wellenlängen ähnlich zum Optimum reagieren alle Zapfen auch, aber zunehmend weniger empfindlich, der Empfindlichkeitsverlauf ist glockenförmig. Die Bereiche, in denen die Zapfentypen empfindlich sind, überschneiden sich teilweise, z. B. reagieren alle Zapfen auf blau-grünes Licht (500 nm), die grün-empfindlichen Zapfen sehr stark, beide anderen Typen nur sehr schwach. Jeder Farbe entspricht so ein bestimmtes Reaktionsmuster der drei Zapfentypen.
Auf UV-Licht, das kurzwelliger ist als 400 nm, reagieren keine Zapfen, dieses Licht bleibt für uns unsichtbar; gleiches gilt für Infrarot-Licht mit Wellenlängen über 660 nm.

b) Der grün-empfindliche Zapfentyp ist für grün-gelbes Licht zuständig, für das die anderen beiden Zapfentypen kaum empfindlich sind. Wenn dieser ausfällt, ist das Reaktionsmuster der Zapfen (insbesondere die Aktivität der Rot-Zapfen) bei rot und grün sehr ähnlich und ruft den gleichen Wahrnehmungseindruck hervor – die Farben können nicht eindeutig unterschieden werden. Besonders in einem Punktemuster (Abb. 4), das unterschiedliche Helligkeiten beinhaltet, und in dem die eingebettete Zahl nur durch ihre Farbinformation erkennbar ist und nicht durch ihren Kontrast, wird dies deutlich und die Rot-Grün-Schwäche wird offensichtlich.

c) Anders als die Punkte auf der Testtafel unterscheiden sich die rote und grüne Ampelfarbe nicht nur durch ihre Wellenlänge (Farbe), sondern auch durch ihre Helligkeit. Die Farben der Ampel können daher auch von Personen mit Rot-Grün-Sehschwäche unterschieden werden. Hinzu kommt, dass auf einer Ampel jeder Farbe eine bestimmte Position zugeordnet ist, die eindeutig die Anweisung (halten oder fahren) anzeigt.

4

Der fixierte Text wird auf der Netzhaut am Ort des schärfsten Sehens, dem gelben Fleck, abgebildet. Hier befinden sich v. a. Zapfen, die nicht besonders lichtempfindlich sind. Bei Dämmerung reicht das Licht nicht mehr aus, um die Zapfen anzuregen und die Buchstaben sind nicht mehr erkennbar. Die Gegenstände der Umgebung werden auf der Netzhaut am Rand abgebildet, hier befinden sich viele Stäbchen, die sehr lichtempfindlich sind und daher auch bei Dämmerung noch die Sehinformation vermitteln. Allerdings sind die Stäbchen unempfindlich für verschiedene Farben, und es erscheint alles gleich grau.

9.3 Das Auge kann scharf sehen

Die Lichtbrechung im Auge	Abb. 1
Exkurs: Physikalische Grundlagen der Lichtbrechung	Abb. 2
Akkommodation	1 3 Abb. 2
Augenfehler	2 Abb. 3
Fische fangen mit dem Speer (haben wir alles verstanden?)	4 Abb. 2a

1

Um ein Bild scharf zu sehen, müssen die Lichtstrahlen, die von einem Punkt eines Gegenstandes ausgehen, auch in einem Punkt auf der Netzhaut zusammentreffen. Wenn der Gegenstand weit entfernt ist, müssen hierfür die auf das Auge treffenden Lichtstrahlen nur schwach gebrochen werden. Eine schwache Brechung wird dadurch erzielt, dass der Ringmuskel sich entspannt, die Linsenbänder dadurch gespannt werden und die Linse auseinander gezogen wird und eine flache Form annimmt. An einer flachen Linse wird das Licht nur schwach gebrochen. Ist ein Gegenstand nah, so muss die Lichtbrechung verstärkt werden, um ein scharfes Bild auf der Netzhaut zu erzielen: Der Ringmuskel zieht sich zusammen, die Linsenbänder erschlaffen, und die Linse nimmt eine kugelige Form an, die das einfallende Licht stark bricht. Die Anpassung der Brechungskraft des Auges auf unterschiedliche Entfernungen nennt man Akkommodation.

2

Bei Kurzsichtigkeit ist die Brechkraft der Linse zu stark, weit entfernte Gegenstände können daher nicht scharf gesehen werden, da sich die Lichtstrahlen schon vor der Netzhaut treffen. Zur Korrektur wird eine zusätzliche Linse verwendet (Brille oder Kontaktlinse), die die Lichtstrahlen in die andere Richtung bricht (konkave Linse) und den Brennpunkt nach hinten auf die Ebene der Netzhaut verschiebt.
Bei Weitsichtigkeit ist die Brechkraft der Linse zu schwach, nahe Gegenstände können daher nicht scharf gesehen werden, da sich die Lichtstrahlen erst hinter der Netzhaut treffen würden. Zur Korrektur wird eine zusätzliche Linse verwendet (Brille oder Kontaktlinse), die die Lichtstrahlen zusätzlich bricht (konvexe Linse) und den Brennpunkt nach vorne auf die Ebene der Netzhaut verschiebt.

3

a) z. B.: Auf Papier wird als Testfigur ein Kreis mit einer kleinen Lücke gezeichnet. Das Papier kann so gehalten werden, dass die Lücke entweder oben, unten, rechts oder links zu sehen ist. Der Versuchsperson wird das Papier in Stufen immer näher an das Auge herangeführt, bis die Unterscheidung nicht mehr richtig gemacht wird. Der Abstand, bei dem die Figur gerade noch richtig erkannt wird, gibt die Nahpunktentfernung an.
b) –

4

Beim Beobachten des Fisches vom Uferrand aus, schaut man schräg von oben auf das Wasser. Die Lichtstrahlen werden dabei an der Wasseroberfläche, der Grenze zwischen zwei unterschiedlich dichten Medien, gebrochen (Abb. 2a). Dadurch erscheint der Fisch näher als er in Wirklichkeit ist; dementsprechend wird der Speer zu weit vorne in das Wasser gestoßen und verfehlt das Ziel. Um die Trefferwahrscheinlichkeit zu erhöhen, müsste man auf einen Punkt etwas hinter dem Bild des Fisches im Wasser zielen.

9.4 Die optische Wahrnehmung

Kontraste sehen	1	Abb. 1,6
Erkennen von Figuren mit dem Gehirn	2	Abb. 5,7
Erfahrungswerte bei der Wahrnehmung	3	Abb. 3,4
Räumliches Sehen	2	

1

Ohne Auflegen des Stiftes sieht man einen gleichmäßig grauen Kreis vor einem Hintergrund, der links schwarz ist und rechts weiß. Wenn ein Stift auf die Grenzfläche zwischen hell und dunkel gelegt wird, so erscheint der graue Halbkreis vor schwarzem Hintergrund plötzlich heller als der graue Halbkreis vor weißem Hintergrund. Der Stift trennt die beiden Hälften des Bildes und bewirkt, dass der Kreis nicht mehr als Einheit wahrgenommen wird. Das Gehirn verstärkt zur Wahrnehmung Helligkeitskontraste zwischen Objekt und Hintergrund: Das Grau vor Schwarz ist heller als sein Hintergrund und wird durch die Kontrastverstärkung des Gehirns noch heller wahrgenommen. Das Grau vor Weiß ist dunkler als sein Hintergrund und wird durch die Kontrastverstärkung des Gehirns noch dunkler wahrgenommen.
Diese Kontrastverstärkung des Gehirns findet nicht statt, wenn der Kreis ohne Unterbrechung als Einheit gesehen wird (ohne Stift), da unsere Erfahrung uns sagt, dass ein durchgehender Kreis eine einheitliche Farbe hat, unabhängig vom Hintergrund.

2

a) In Ausgangslage ist eine Ansammlung schwarzer Flecken zu sehen, die keine erkennbare Figur darstellen. Nach Drehen um 180° wird das Fleckenmuster als ein sitzender schwarz-weiß gefleckter Hund erkannt. Unser Gehirn konstruiert aus dem unvollständigen Sinneseindruck eine sinnvolle Figur, die wir aus unserer Erfahrung kennen.
b) Mit etwas Anstrengung kann auch in der Ausgangslage ein auf den Kopf gedrehtes Bild eines sitzenden Hundes gesehen werden. Hat man einmal das Bild des Hundes im Kopf, sieht man es immer wieder in dem Fleckenmuster und kann die ursprüngliche Wahrnehmung sinnloser schwarzer Flecken nicht wiederherstellen. Die Erfahrung und das Wissen beeinflussen jetzt die Wahrnehmung.

3

Die Abbildung 4 zeigt eine Figur, die unseren Erfahrungen widerspricht: Betrachtet man den rechten Teil, so interpretiert unser Gehirn die gezeichneten Linien als einen U-förmigen Gegenstand, dessen zwei Arme nach links gerichtet sind. Betrachtet man den linken Teil der Figur, so sieht man drei Stäbe von rechts nach links kommend; aus den anfänglich zwei Armen rechts sind links drei geworden. Eine solche Figur widerspricht unseren Erfahrungen und ist nicht logisch. Sie zeigt, dass unser Gehirn bei der Konstruktion eines Bildes aus geringer Information (wenige schwarze Linien) eine best mögliche Interpretation liefert, die in diesem Fall kein Ergebnis bringt, dass mit unserem Wissen und unserer Erfahrung vereinbar ist und uns daher irritiert.

9.5 Tiere sehen anders

Wiederholung des Linsenauges, Besonderheiten des Eulenauges	1 Abb. 1,3
Bau und Funktion des Komplexauges	Abb. 2
Vergleich Linsenauge – Komplexauge	2 Abb. 1,2
Farbensehen bei Mensch und Biene	3 Abb. 4,5

1

Das Auge der Eule ist im Verhältnis zum Körper groß und hat eine sehr große Pupille. Auf der Netzhaut befinden sich fast nur Stäbchen. Die Stäbchen stehen sehr dicht beieinander und die Signale mehrerer Stäbchen werden zusammenaddiert an das Gehirn weitergeleitet. Das Auge der Eule ist so an die Lebensweise in der Nacht angepasst, und das wenige Licht wird optimal zur Wahrnehmung ausgenutzt: Die Größe von Auge und Pupille ermöglichen den Einfall von viel Licht, die empfindlichen Stäbchen reagieren schon bei geringer Lichtintensität und durch das Zusammenfassen der Information mehrerer, dicht stehender Sinneszellen und deren Verarbeitung im Gehirn wird eine höhere Signalstärke erreicht.

2

a)

	Linsenauge	**Komplexauge**
grundsätzlicher Aufbau	ein großes Auge, auf dessen Netzhaut das gesamte Bild der Umgebung entsteht, das Gehirn setzt die Bilder beider Augen zum Gesamteindruck zusammen	viele Einzelaugen, deren punktförmige Informationen im Gehirn zu einem Bild zusammengesetzt werden
wichtige Teile	Hornhaut, Linse (veränderbar zur Akkommodation), Glaskörper, Netzhaut mit vielen Sinneszellen	im Einzelauge: Linse, Glaskörper, Sinneszelle
Sehschärfe	hoch	gering
Bewegungswahrnehmung	eher langsam	sehr schnell
Farbensehen	je nach Sinneszell-(Zapfen-) Typen	je nach Sinneszell-Typen

b) Wenn bei einem Komplexauge einige Einzelaugen verletzt werden, fehlt ein Teil der Information zur Konstruktion des Bildes, und ein Ausschnitt aus der der Umgebung kann nicht gesehen werden. Im Beispiel in Abb. 2 entstünde beispielsweise die Wahrnehmung einer Lücke in der Kerze. Allerdings kann es sein, dass auch im Gehirn von Insekten fehlende Information nach bestimmten Kriterien ersetzt wird, zumal wenn die Einzelaugen im anderen Komplexauge, auf die Licht des selben Gegenstandes trifft, noch intakt sind.

3

Die Sinneszellen des Menschen sind für rotes, grünes und blaues Licht empfindlich, die der Biene für gelbes, blaues und UV-Licht (Abb. 4). Die in Abb. 5 oben gezeigte Blüte reflektiert alle Anteile des weißen Lichts, die für den Menschen wahrnehmbar sind (rot, grün, blau) und erscheint uns daher weiß. Was wir nicht sehen, ist, dass der UV-Anteil des Lichts absorbiert wird. Die Biene registriert das reflektierte blaue und gelbe Licht und das Fehlen des absorbierten UV-Anteils und nimmt die Blüte bläulich wahr.

In der unteren Abbildung sehen wir die Blüte rot, da alle anderen für uns sichtbaren Anteile des weißen Lichts absorbiert werden. Die Biene kann dieses rote Licht nicht wahrnehmen, da sie keine für rot empfindlichen Sinneszellen besitzt, allerdings registriert sie, dass auch UV-Licht reflektiert wird, die Blüte hat für die Biene daher die Farbe „UV".

Das Beispiel zeigt, dass die Wahrnehmung der Umwelt abhängig ist von der Funktionsweise der Sinneszellen und sich zwischen verschiedenen Tieren unterscheidet.

9.6 Das Ohr

Aufbau des Ohrs	Abb. 1
Was ist Schall	2a Abb. 5,6
Richtungshören	1 Abb. 2,3
Gefahren durch große Lautstärke	2b Abb. 4,5,6

1

a) Die Schallgeschwindigkeit in Luft beträgt 331 m/s, d.h. 33100 cm/s, d.h. ein cm wird in 0,00003 s., also 0,03 ms zurückgelegt.
Wenn mit dem Stab 1 cm links oder rechts von der Schlauchmitte geschlagen wird, bedeutet dies eine Entfernungsdifferenz zwischen den beiden Ohren von 2 cm. Der Schall kommt an dem einen Ohr also 0,06 ms früher an als an dem anderen Ohr und dieser kleine Zeitunterschied wird vom Gehirn als Richtungsinformation wahrgenommen.

b) Im Wasser ist die Schallgeschwindigkeit viel höher als in der Luft (Luft: 331 m/s, Wasser: 1480 m/s). Zum Richtungshören werden Zeitunterschiede im Eintreffen des Schalls an den beiden Ohren ausgenutzt. Da sich der Schall unter Wasser so schnell ausbreitet, ist die Zeitdifferenz der Signale aus beiden Ohren zu klein um wahrgenommen zu werden und Richtungshören ist nicht möglich.

2

a) Eine Erhöhung um 20 dB bedeutet eine Zunahme des Schalldrucks um das Zehnfache.
Einer Zunahme der Schallintensität um 60 dB entspricht eine Erhöhung des Schalldrucks um das 1000fache.
b) Der Hörschaden ist auf einen bestimmten Frequenzbereich begrenzt: Tiefe Töne mit Frequenzen unter 0,5 kHz und sehr hohe Töne mit Frequenzen über 12 kHz werden normal wahrgenommen. Am größten ist der Hörverlust für Töne mit Frequenzen zwischen 3 und 4 kHz, hier beträgt er fast 50 dB. Das bedeutet, dass ein Ton 50 dB lauter sein muss, sein Schalldruck also mehr als 100-mal höher sein muss als für gesunde Personen, um wahrgenommen zu werden.

9.7 Vergleich von Hör- und Sehleistungen

Vergleich des Farbensehens	Abb. 1
Vergleich des Hörvermögens	Abb. 2
Angepasstheiten: Sinnesleistungen und Ernährungsweise	**1** Abb. 1,2
Modell: Sinnesorgane sind wie Fenster; unterschiedliche Sinneswelten	**2** Abb. 3

1

Die Honigbiene kann ultraviolette Strahlung sehen und erkennt damit Muster auf Blüten, die wie Signale auf der Suche nach Pollen und Nektar wirken, von denen sich die Honigbiene ernährt.
Die Grubenotter kann mit ihrem Grubenorgan infrarote Strahlung (Wärmestrahlung) wahrnehmen. Sie bemerkt dadurch Beutetiere, deren Körper Wärme abstrahlen, auch in der Dunkelheit und kann sie fangen.
Katzen können sehr hohe Töne hören, die für uns Menschen nicht wahrnehmbar sind. Mäuse verständigen sich untereinander mit solchen hohen Tönen. Katzen können die Mäuselaute hören und so ihre Beute auffinden.

2

a) Die Abbildung zeigt einen Menschen in einem Raum. Durch die Fenster dringen verschiedene Eindrücke aus seiner Umwelt auf ihn ein, z. B. der Geruch von Bratwurst oder Hitze. Andere Umweltfaktoren, z. B. das Magnetfeld der Erde und ultraviolette Strahlung, kommen nicht durch die Fenster, sondern prallen an der Wand ab; diese werden nicht wahrgenommen.
Die Sinnesorgane des Menschen ermöglichen die Wahrnehmung von Licht (nur bestimmte Farben) und Geräuschen (nur bestimmte Tonhöhen). Durch sie kann man riechen, schmecken, fühlen und Wärme spüren. Diese Eindrücke kommen wie durch ‚Fenster' zu einem. Anderes können wir nicht wahrnehmen, weil uns die Sinnesorgane (Fenster) hierfür fehlen: Fledermausrufe, Röntgenstrahlung, den Geruch einer Menschenspur. Andere Tiere haben andere Sinnesorgane, die wie Fenster andere Eindrücke der Umwelt durchlassen und sie wahrnehmen lassen.
b) Modell für Katze

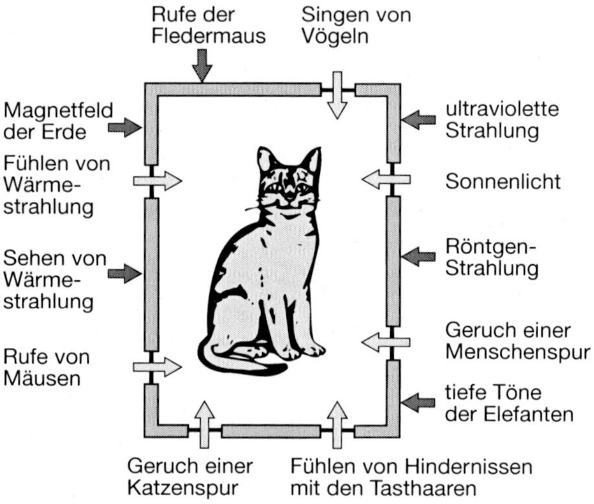

Die Katze kann hohe Töne von Mäusen hören. Sie kann mit Tasthaaren tasten und den Geruch einer Menschenspur riechen. Auch kann sie Sonnenlicht und Wärme wahrnehmen. Sie kann wie der Mensch aber auch nicht das Magnetfeld der Erde und Röntgenstrahlung wahrnehmen und die Rufe der Fledermaus hören.
c) Tiere verschiedener Arten haben unterschiedliche Fenster in ihrem Körper. Diese unterschiedlichen Fenster entsprechen Sinnesorganen mit verschiedenen Leistungen. Sie ermöglichen, bestimmte Eigenschaften der Umwelt wahrzunehmen und andere nicht. Daher ergibt sich für jedes Tier eine andere Sinneswelt.

10 Nerven

10.1 Nervenzellen

Bau einer Nervenzelle	Abb. 1
Informationsübertragung an Synapsen	1 Abb. 3
Bedeutung von Axonen und Synapsen	3 Abb. 2,4
Wirkung von Narkose, Nervengas und Drogen	2 Abb. 3

1

a)

Ankommende elektrische Impulse im Endknöpfchen des Axons

↓

Ausschüttung von Transmittermolekülen in den synaptischen Spalt

↓

Binden der Transmittermoleküle an Rezeptoren der postsynaptischen Membran

↓

Auslösung eines elektrischen Impulses in der Zielzelle

b) Die Synapse als Verbindungsstelle zwischen zwei Nervenzellen ist in ihrem Aufbau und ihrer Funktion gerichtet: Auf der einen Seite, im Endknöpfchen, befinden sich Bläschen mit Transmittermolekülen, die ihren Inhalt bei ankommenden elektrischen Impulsen in den synaptischen Spalt ausschütten. Auf der anderen Seite des synaptischen Spalts befinden sich in der postsynaptischen Membran Rezeptoren, die die Transmitter der vorgeschalteten Nervenzelle binden. Die eine Zelle kann daher nur als Reaktion auf einen elektrischen Impuls Transmitter ausschütten, die andere als Reaktion auf die Bindung von Transmittern elektrische Impulse generieren; die Informationsübertragung findet also immer in die gleiche Richtung statt.

2

a) Narkosestoffe können z. B. dadurch wirken, dass sie Rezeptoren der postsynaptischen Membran blockieren und damit verhindern, dass Transmittermoleküle binden und elektrische Signale ausgelöst werden. Die Weiterleitung des Nervenimpulses wird dadurch verhindert und damit z. B. die bewusste Wahrnehmung ausgeschaltet.

b) Die Enzyme im synaptischen Spalt sind dafür zuständig, Transmittermoleküle abzubauen und damit unwirksam zu machen. Wenn diese Enzyme durch Nervengase blockiert sind, bleiben die Rezeptoren unkontrolliert aktiviert, ohne dass an der vorgeschalteten Zelle elektrische Signale die gezielte Transmitterauschüttung auslösen und es werden in der Zielzelle kontinuierlich elektrische Impulse ausgelöst. Es kommt zu einer Daueraktivierung und damit zum Verlust der Information.

c) Drogen, die wie Transmittermoleküle den Rezeptor aktivieren, bewirken in der Zielzelle elektrische Impulse, auch ohne eine Aktivierung der vorgeschalteten Zelle, bzw. sie verstärken die postsynaptische Reaktion auf einen leichten Reiz. Es kann daher z. B. zur Verstärkung von Gefühlszuständen oder zu Falsch-Wahrnehmungen wie Halluzinationen kommen.

3

a) $10^{14} / (3 \times 10^{10}) = 3333{,}3$

Durchschnittlich hat jede Nervenzelle 3333 Synapsen.

b) Bei einer max. Leitungsgeschwindigkeit von 120 m/s, benötigt die Weiterleitung eines Impulses über eine Strecke von 80 cm 6,7 ms (120 m/s → 0,0083 s/m → 0,0067 s/80 cm).

10.2 Das Gehirn

–

10.3 Reiz-Reaktion

Das EVA – Prinzip	
Reizaufnahme und Reaktion – Vergleich mit Computersystem	1
Reaktionszeit	1 2 Abb. 1,3
Reflexe	2 Abb. 1,2

1

(E) = Entsprechung zum Eingabe-Prinzip im Computer
(V) = Entsprechung zum Verarbeitungs-Prinzip im Computer
(A) = Entsprechung zum Ausgabe-Prinzip im Computer

- Sehen des Balles (E)
- Einschätzung der Größe, Schwere und Geschwindigkeit des Balles (V)
- Verfolgen der Bewegung des Balles und gedankliches Weiterverfolgen der Flugbahn, Berechnung des voraussichtlichen Ort des Auftreffens (E, V)
- Laufen zur Stelle des vermuteten Auftreffens (A)
- Heben der Arme (A)
- Halten der Hände in der richtigen Position und im richtigen Abstand (V, A)
- Bei Auftreffen des Balls Kraftaufwendung mit den Händen entgegen der Flugrichtung des Balles (A)
- Gleichzeitig schnelles Zusammenführen der Hände, um Ball festzuhalten (A)
- Bei fest geworfenem Ball gleichzeitig leichtes Beugen der Beine und Ausgleichsbewegung, um den Schwung abzufangen und den Stand zu stabilisieren (A)

Das Fangen eines Balles stellt ein gutes Beispiel einer Reaktion dar, die die Aufnahme von Sinnesinformation (E), die Verarbeitung im Gehirn und den Vergleich mit Erfahrungen und Wissen (V), sowie eine motorische Reaktion durch gezielte Aktivierung von Muskeln (A) erfordert.

2

Verkehrssituation (Autofahrer), Abb. 1:

Auftauchen der Jugendlichen im Sehfeld
↓
Reizung der Lichtsinneszellen
↓
Reizleitung durch sensorische Nerven zum Gehirn
↓
Verarbeitung der Informationen im Gehirn
↓
Befehlsausgabe für die Vorgänge zum Bremsen und eventuell Ausweichen
↓
Reizleitung durch motorische Nerven zu den Muskeln des Beins und des Fußes (Bewegung zum Betätigen des Bremspedals) und eventuell der Arme und Hände (Ausweichmanöver)
Nachregulieren in gleicher Weise bei Veränderung der Einschätzung (Verarbeitung im Gehirn) aufgrund der ständigen Informationen aus dem Auge.

Kniesehnenreflex, Abb. 2:

Schlag auf Muskel im Oberschenkel
↓
Reizung der Dehnungssinneszellen
↓
Reizleitung durch sensorische Nerven zum Rückenmark
↓
Umschaltung auf motorische Nerven
↓
Kontraktion des Strecker-Muskels
↓
Streckung des Beines

3

a) –

b) z. B.
Verminderte Aufmerksamkeit und Konzentration, motorische Ungeübtheit / schlechte Beweglichkeit der Finger, Sehschwäche, Alkohol- und Drogeneinfluss

---

10.4 Lernen und Gedächtnis

Modell zum Gedächtnis	4 Abb. 3	
Alltagssituation	3	
Merktest	1 2 Abb. 1,2	
Lernen im Alltag	5 6	

1

In Abb. 1 sind den Begriffen Bilder zugeordnet, die diese direkt darstellen. Dies erleichtert das Merken im Vergleich zum geschriebenen Wort alleine, da sich zusätzlich ein Bild im Gedächtnis einprägt. In Abb. 2 sind die zugeordneten Bilder nicht einfach Darstellungen des geschriebenen Begriffs, sondern einer Situation. Die dargestellten Situationen sind sehr einprägsam, da sie unsere Gefühle ansprechen, Gefahr, Angst, Schrekken, Schmerz, Unglück etc. vermitteln. Durch die Verknüpfung mit einer gefühlsmäßig eindrücklichen und befremdlichen Situation kann der Begriff noch besser behalten werden als durch die reine Verbildlichung von Abb. 1. Dies hängt auch damit zusammen, dass der Hippocampus, der im Gehirn eine Schlüsselstellung bei Gedächtnisvorgängen einnimmt, eng mit Gefühlsempfindungen verbunden ist.

2

–

3

Im Langzeitgedächtnis wird Information immer zusammen mit den bei der Informationsaufnahme erlebten Eindrücken gespeichert. Beim Zurückkehren an den Ausgangspunkt wird die Erinnerung an den Ort und die Situation aus dem Gedächtnis aufgerufen, mit dem auch das in dieser Situation gefasste Vorhaben der Erledigung verknüpft ist, das einem deshalb plötzlich wieder einfällt.

4

a) Filter: Sinnesorgane und angeborene, automatisch ablaufende Filtermechanismen
Glasscheibe: Arbeitsgedächtnis
Beweglicher Filter: Filterung beim Übergang vom Arbeits- in das Langzeitgedächtnis (Hippocampus beteiligt), abhängig von Wiederholung, Gefühlen, Belohnung und Aufmerksamkeit
Fotoplatte: Langzeitgedächtnis

b) Die Sinnesorgane und angeborene, automatisch ablaufende Filtermechanismen werden im Modell recht gut dargestellt, da diese Filter relativ statisch sind, wie auch die dargestellte durchlöcherte Holzplatte. Es wird richtig symbolisiert, dass nur bestimmte Anteile der Umwelt über Sinnesorgane wahrgenommen werden und nur ein kleiner Teil der Signale der Sinnesorgane vom Gehirn weiterverarbeitet wird.
Eine wichtige Eigenschaft des Arbeitsgedächtnisses ist seine begrenzte Speicherkapazität, diese wird durch die Darstellung als Glasplatte nur schlecht symbolisiert, da eine Glasplatte Licht (entspricht Information) nicht speichern kann und es ungefiltert durchlässt.
Die Filterung beim Übergang vom Arbeits- in das Langzeitgedächtnis mit dem Hippocampus als „Tor zum Langzeitgedächtnis" ist gut durch den beweglichen Filter (durchlöcherte Holzplatte, die verschoben werden kann) symbolisiert: Je nach Fokus der Aufmerksamkeit,

Intensität der Verarbeitung durch Wiederholung, Verknüpfung mit Gefühlen und Belohnung wird der Informationsfilter im Gehirn so angepasst, dass die relevanten Informationen in das Langzeitgedächtnis weitergegeben werden.
Das Langzeitgedächtnis ist gut als Fotoplatte verbildlicht, auf der die Information (symbolisch Licht) eine dauerhafte Veränderung bewirkt. Information, die bis in das Langzeitgedächtnis gelangt, kann so über lange Zeit gespeichert werden, so wie ein Foto dauerhaft ein Abbild der Umwelt festhält. Allerdings ist die Speicherkapazität des Langzeitgedächtnisses fast unbegrenzt, was im Modell nicht dargestellt ist, da eine Fotoplatte nur begrenzt Platz zur Belichtung hat.

5

Aufmerksamkeit, Motivation und Fleiß beeinflussen den Übergang von aufgenommener Information vom Arbeitsgedächtnis in das Langzeitgedächtnis.
Aufmerksamkeit wirkt dabei auf verschiedenen Ebenen und bildet einen wichtigen Filter zur Auswahl der relevanten Informationen zur bewussten Wahrnehmung und der Speicherung im Langzeitgedächtnis (Beispiele für selektive Aufmerksamkeit: Fokussierung auf ein Gespräch in lauter Umgebung, Schauen „aus dem Augenwinkel").
Motivation ist ein Gefühl, das durch Belohnung und Zuwendung verstärkt wird und den Vorgang der Aufnahme von Information in das Langzeitgedächtnis begünstigt und das Lernen verbessert.
Fleiß wirkt sich positiv auf den Lernvorgang aus, da die intensive Beschäftigung mit dem Lerninhalt, seine häufige Wiederholung und Beleuchtung unter verschiedenen Aspekten die Aufnahme in das Langzeitgedächtnis erleichtert.

6

–

11 Sucht

11.1 Sucht ist vielfältig

Merkmale von Drogen- und Verhaltenssüchten	4 Abb. 1
Umgang mit Alltagsproblemen	1 2 Abb. 2
Wie fühlt sich ein Süchtiger?	3 Abb. 3

1

a) Es sind verschiedene Antworten möglich. Wichtig ist, dass die Schüler zum Nachdenken über ihr eigenes Verhalten angeregt werden.
b) Auch hier stehen nicht bestimmte Antworten im Vordergrund, sondern die gemeinsame Suche nach alternativen Handlungsweisen. Hierzu können z. B. gehören: Fußball spielen, Musik machen, sich mit Freunden treffen oder bei Projekten von Greenpeace, DRK usw. mitmachen.

2

Ausweichendes Verhalten meint das Vermeiden der direkten Auseinandersetzung mit zum Teil ganz alltäglichen Problemen, wie z. B. dem Erledigen der Hausaufgaben oder dem Aufräumen des Zimmers.
Sucht ist immer auch mit ausweichendem Verhalten verbunden. Es gibt viele Wege, Alltagsproblemen aus dem Weg zu gehen (vgl. 1a). Wer nicht lernt, dass man auch unangenehme Situationen durchstehen kann oder dass Streit zwischen Menschen manchmal notwendig und gewinnbringend sein kann, wird eher versuchen Problemen auszuweichen als jemand, der bereits früh in der direkten Auseinandersetzung mit Alltagsproblemen ein Verhaltensrepertoire entwickeln kann, mit dem er der Realität später sachlich und angemessen begegnen kann.

3

In diesem Text geht es vor allem um das mangelnde Selbstwertgefühl eines Drogenabhängigen. Der Abhängige empfindet aufgrund seines Kontrollverlustes, also der Unfähigkeit mit dem Trinken aufzuhören, eine wachsende Unfreiheit, die ihm anderen Menschen gegenüber peinlich ist. Er versucht zu verdrängen und den Kontakt mit anderen Menschen zu meiden. Die Folge ist eine zunehmende soziale Isolation, aus der er ohne Hilfe von außen kaum noch in die Gesellschaft zurückkehren kann.

4

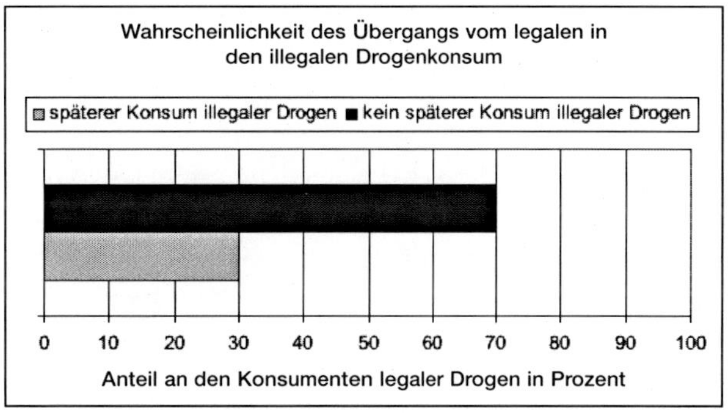

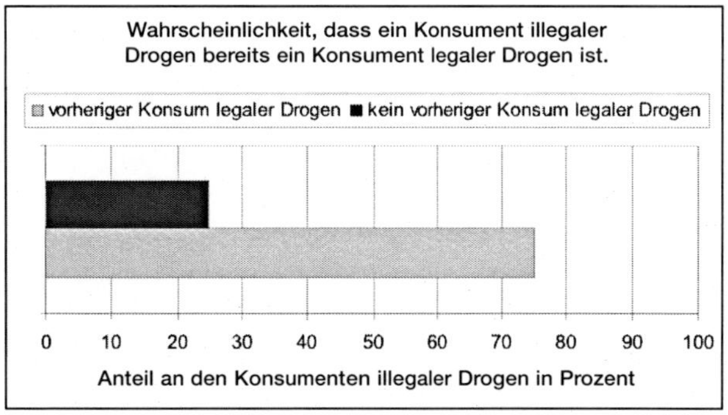

Es wird deutlich, dass der Konsum legaler Drogen neben dem Risiko der körperlichen und seelischen Abhängigkeit weitere Risiken birgt. Denn über 70 Prozent der Konsumenten illegaler Drogen sind über legale zu den illegalen Drogen gekommen. Legale Drogen wie Nikotin und Alkohol werden deshalb auch als Einstiegsdrogen bezeichnet. Sie sind die „Türöffner" für illegale Drogen.

11.2 Entstehung von Drogensucht

Wege in die Sucht	1 4 Abb. 1

Zwei Modelle zur Entstehung einer Drogensucht	2 3 Abb. 2,3

1

Die Eisenbahnschienen könnten z. B. für den persönlichen Lebensweg stehen. Es gibt keinen Blick zurück, also keinen Weg zurück. Auf dem Weg werden von uns Entscheidungen verlangt. Diese Entscheidungen beeinflussen das spätere Leben häufig in radikaler Art und Weise. Sie werden durch die Weichen symbolisiert.
Die Eisenbahnschienen könnten auch für Starrheit stehen. Man kann einen einmal eingeschlagenen Weg, wenn überhaupt, nur sehr schwer wieder verlassen. So ist es auch bei der Entstehung einer Sucht. Auch hier stehen am Anfang Entscheidungen, die wir bewusst oder unbewusst treffen. Mehrere falsche Entscheidungen hintereinander können immer tiefer in eine Sucht führen.
Die Weichen könnten aber z. B. auch dafür stehen, dass wir selbst über unseren Lebensweg gar nicht so frei entscheiden können, wie wir dies wünschen. Die Weichen werden oft von anderen gestellt: den Eltern, dem sozialen Umfeld usw.

2

- Mensch: Max ist eigentlich eher schüchtern und zurückhaltend. Offensichtlich hat er Schwierigkeiten, seine Gefühle auszudrücken. Auch scheint er unter Minderwertigkeitsgefühlen zu leiden: „Ich wollte einfach immer ein cooler Typ sein."
- Mittel: Alkohol bewirkt, dass Max seine Schüchternheit verliert und aufgedreht wird. Alkohol hilft Max beim Verdrängen seiner Alltagsprobleme.
- Milieu: Max wächst in einem sozialen Umfeld auf, in dem das Trinken alkoholischer Getränke offensichtlich selbstverständlich ist. Seine „Vorbilder" sind der Trainer, seine Freunde, seine Eltern. Zudem sind die Eltern oft nicht zu Hause, sodass er sich selbst überlassen ist und sein Alkoholkonsum nicht bemerkt wird.
- Markt: Selbst Jugendliche unter 16 Jahren kommen leicht an die Droge Alkohol: So spendiert der Trainer der B-Jugend-Mannschaft zwei Kisten Bier. Alkohol ist in Deutschland eine legale Droge und wird kulturell toleriert. Mit 16 Jahren dürfen Jugendliche Bier und ähnliche alkoholische Getränke kaufen und konsumieren. Doch auch jüngere Jugendliche können alkoholische Getränke oft ohne Probleme z. B. im Supermarkt einkaufen (Z. 27f.).

3

a) –
b) Im Rahmen des Eisberg-Modells verstehen wir jeden Menschen als einen Eisberg. Der größte Teil des Berges befindet sich unter Wasser. Er ist für die Mitmenschen also nicht sichtbar. Hier finden wir Gefühle, Abhängigkeiten von anderen Menschen, von bestimmten Werten und Normen, aber auch Beziehungen zu anderen Menschen und die Probleme, die es dabei gibt. Für alle sichtbar, ist nur die „Spitze des Eisbergs": die Sucht. Die ganz individuellen und sehr persönlichen Gründe, die einen Menschen süchtig gemacht haben, bleiben den meisten Menschen verborgen.
Ergänzt werden könnten Wörter wie z. B. Schüchternheit, mangelndes Selbstbewusstsein, negative Erlebnisse, mangelnde Problemlösefähigkeit.
c) Das Hauptproblem des Eisberg-Modell ist die Beschränkung auf die Person des Süchtigen. Die für die Entstehung einer Sucht wichtigen Aspekte, wie das soziale Umfeld und die Drogenart und ihre Wirkung, bleiben unberücksichtigt. Dies ist jedoch gleichzeitig auch die Stärke des Eisberg-Modells: Die Hilfe für den Süchtigen sollte zunächst beim Süchtigen selbst ansetzen. Dafür ist es notwendig, mehr über den „unsichtbaren Bereich" dieser Person zu erfahren. Das Eisberg-Modell bietet hierbei eine sinnvolle Hilfe. Außerdem kann es im Gegensatz zum 4M-Modell bei der Erklärung der Entstehung von Verhaltenssüchten helfen.

4

(Hier wird der Schwerpunkt der Betrachtung noch einmal auf die wichtige psychische Seite einer Sucht gelenkt.)

M Ein Portfolio anlegen

–

11.3 Die soziale Seite der Sucht

Gesellschaftliche Faktoren, die eine Sucht begünstigen	1
Nein sagen	2 5
Wie gehe ich mit Gruppenzwang um?	3 Abb. 1
Die Gefährdung anderer: Alkohol im Straßenverkehr	4 Abb. 2

1

A: 5–9, B: 10–16, C: 17–20, D: 25–29, E: 30–35, F: 36–41

2

–

3

–

4

a) Eigentlich spricht nichts für eine 0,5 Promille-Grenze. Höchstens die Tatsache, dass viele Medikamente, die die Verkehrstüchtigkeit des Patienten nicht beeinflussen, geringe Mengen Alkohol enthalten. Menschen, die auf die Einnahme dieser Medikamente angewiesen sind, dürften dann kein Auto mehr fahren.

b) Bei jugendlichen Fahranfängern nimmt die Fähigkeit zur Raumabschätzung bei Alkoholkonsum stärker ab als bei erwachsenen Fahrern (Abb. 2). Für die Sicherheit aller Verkehrsteilnehmer ist eine richtige Raumabschätzung jedoch unerlässlich.

Ein weiteres Risiko besteht dann, wenn sich Fahrer, die Alkohol getrunken haben, sicher fühlen, weil sie sich an dem Wert von 0,5 Promille orientieren. Dabei ist ihnen häufig nicht klar, dass auch bei einem Blutalkoholspiegel von unter 0,5 Promille alkoholbedingte Ausfallerscheinungen ihr eigenes Leben und das der anderen Verkehrsteilnehmer gefährden können.

5

–

11.4 Essstörungen – Magersucht und Ess-Brech-Sucht

Magersucht und Ess-Brech-Sucht (Bulimie)	1 2 Abb. 1,2,4
Die Bedeutung von gesellschaftlichen Idealen und Werbung	3 Abb. 3,5

1

- Biologische Bedingungen:
  - Es gibt Hinweise darauf, dass die Neigung zur Entwicklung einer Magersucht familiär gehäuft vorkommen könnte.
- Psychologische Bedingungen:
  - Mangelnde Fähigkeit zur Lösung von Konflikten
  - Konflikte innerhalb der Familie, die vor allem in der Pubertät einen wichtigen Einfluss auf die betroffenen Personen ausüben

- Gesellschaftliche Einflüsse:
  - In der Gesellschaft gelten schlanke Menschen als schön.
  - Das Schlankheitsideal wird durch Werbung und Medien bestätigt und verstärkt.
- Körperwahrnehmungsstörung:
  - Trotz zum Teil extremer Gewichtsabnahme halten sich Magersüchtige für zu dick.
- Verändertes Essverhalten:
  - Die Betroffenen vermeiden zu essen und essen nur noch geringste Nahrungsmengen.
- Gewichtsverlust:
  - Magersüchtige nehmen immer weiter ab.
- Körperliche Veränderungen:
  - Menstruation bleibt aus.
  - Der Blutdruck nimmt ab, der Herzschlag verlangsamt sich.
  - Die Körpertemperatur sinkt.
  - Es kann zu Hautproblemen, Haarausfall, Muskelschwäche sowie Vitamin- und Mineralsalzmangel kommen.
- Psychische Veränderungen:
  - Panische Reaktionen auf Gewichtszunahme im Grammbereich.
  - Die Kontrolle über das Körpergewicht erhöht das Selbstwertgefühl der Magersüchtigen.

2

a)
- Magersüchtige kontrollieren ihr Essverhalten und nehmen immer stärker ab.
- Ess-Brech-Süchtige dagegen haben nur noch wenig Kontrolle über ihr Essverhalten. Ihr Gewicht verändert sich kaum.

b)
- Kontrollverlust (Unfähigkeit mit dem Hungern bzw. dem Essen und Erbrechen aufzuhören)
- fehlende Einsicht in die Erkrankung
- Wiederholungszwang
- zunehmende soziale Isolation der Betroffenen

3

a) Das gesellschaftliche Schlankheitsideal hat sich seit 1948 offensichtlich verändert (Abb. 5). Heute ist schön, wer sehr schlank ist. Dieses Schönheitsideal kann insbesondere pubertierende Mädchen und junge Frauen unter den Druck setzen, diesem Ideal entsprechen zu müssen (Abb. 3). Diese Menschen sind besonders empfänglich für Einflüsse von außen, da sie bezüglich ihres Körpers unsicher sind. Gemeinsam mit den sich gerade während der Pubertät häufenden Konflikten mit den Eltern können diese Verunsicherungen zu einer gestörten Körperwahrnehmung führen (Abb. 2). Diese Bedingungen begünstigen die Entstehung einer Sucht.
b) Eine zunächst erfolgreiche Diät kann einem Menschen das Gefühl vermitteln, dass er die Kontrolle über sein Körpergewicht hat. Je mehr er dem gesellschaftlichen Ideal entspricht, desto selbstbewusster wird er. Nimmt der Mensch immer mehr ab, weil er dem gesellschaftlichen oder persönlichen Ideal noch näher kommen möchte, kann dies zu einem Kontrollverlust im Essverhalten führen: Spätestens jetzt liegt eine Essstörung vor.

11.5 Sucht und Gehirn

–

M Basiskonzepte zum Thema „Sinnesrorgane, Nerven und Sucht"

Inhalte des Kapitels wiederholen – Basiskonzepte zuordnen 1

Sachverhalt	Basiskonzepte
1	Struktur und Funktion, Information und Kommunikation
2	Struktur und Funktion, Information und Kommunikation
3	Steuerung und Regelung
4	Steuerung und Regelung, Struktur und Funktion
5	Information und Kommunikation
6	Variabilität und Angepasstheit, Information und Kommunikation
7	Variabilität und Angepasstheit, Information und Kommunikation
8	Struktur und Funktion, Variabilität und Angepasstheit, Information und Kommunikation
9	Steuerung und Regelung, Information und Kommunikation
10	Steuerung und Regelung, Information und Kommunikation

Mit der richtigen Argumentation lassen sich eventuell weitere Basiskonzepte zuordnen.